ESPIRITUALIDAD
HERMÉTICA

Una Introducción

ELEGWEN Ó MAOILEOIN

Traducido Por Barbara Fuentes

Los hermetistas escuchan, – y de vez en cuando oyen–, los latidos del corazón de la vida espiritual de la humanidad. No pueden hacer otra cosa más que vivir como guardianes de la vida y el alma comunal de la religión, la ciencia y el arte. No tienen ningún privilegio en ninguno de estos dominios; los santos, los verdaderos científicos y los artistas de genio son sus superiores espirituales. Pero ellos viven para el misterio del corazón comunal que late dentro de todas las religiones, todas las filosofías, todas las artes y todas las ciencias –pasado, presente y futuro.

– Anónimo (Valentin Tomberg), *Meditaciones en el Tarot: Un Viaje dentro del Hermetismo Cristiano*

En una noche oscura,

con ansias, en amores inflamada,

¡oh dichosa ventura!,

salí sin ser notada

estando ya mi casa sosegada.

– San Juan de la Cruz, "Noche Oscura"

La Nueva Espiritualidad

En gran medida, este trabajo no existiría si no fuera porque el mundo está cambiando y parece estar pidiendo cosas similares a lo que he hecho.

Además del hecho que luego de mis primeras memorias, he estado libre y he sido alentado a explorar el ser interior, la realidad de crecimiento y desarrollo espiritual, lo que muchos parecen estar haciendo hoy en día; pero no del mismo modo que el sincretismo renacentista, ni el ocultismo victoriano, o ni siquiera como el opiado optimismo de la era de Acuario de la década de los 60. Hoy la gente parece mirar atrás esos tiempos de forma sospechosa, como si realmente hubiera estado sucediendo algo distinto.

La Física Cuántica y la Nueva Era continúan la trayectoria hacia algún tipo de entendimiento unificado de nuestro lugar en el cosmos. El adagio de que cuando la ciencia y la religión finalmente lleguen a sus destinos mutuos descubrirán que el misticismo ha estado presente desde el principio, es muy tratado en la cultura popular desde 2001:

Una odisea del espacio al *Interestelar* de Nolan; y estos son solo los postes de la tienda.

Es cierto que alguien algún día, incluso nosotros mismos, miraremos al pasado y seremos escépticos; quizás dirán que tratábamos de adormecernos espiritualmente o distraernos de la globalización de alta velocidad transformando el planeta, o buscando escapar del capitalismo de mercado impulsado por el consumidor cuyo juego simplemente no pudimos jugar bien cuando la naturaleza fue destruida.

Lo que sea.

En efecto, cualquiera que sea la consigna de esta, –mi generación. *¡Lo que sea hombre!* Es una frase inclusiva que usurpa al género bajo el patriarcado tradicional como también al propósito y significado de la vida con un hedonismo, incluso un nihilismo, que denota un relativismo de 'todo vale': Todo está bien, moralmente, éticamente, espiritualmente. Sin embargo, me gustaría sugerir, que como 'cualquier' generación (una sección intermedia de Gen-X y Milenios), también hay una rebelión en esta palabra porque socava la autoridad. "*Lo que sea*" socava la tiranía de las tradiciones que han perdido el rastro de los humanos a los que deberían servir y, en cambio, promueven agendas sociales, políticas y espirituales absolutamente insensibles al contexto de los tiempos. Esta poderosa aún cuando camaleónica palabra, anarquísticamente quebranta la mentira de que todo lo que debemos hacer es firmar en una línea punteada, meramente confesar a Jesucristo como Señor y Salvador, −y todo estará bien! Una palabra subversiva que da esta respuesta indiferente a los fundamentalismos o literalismos, de cualquier religión. Lo que sea, quiere más, pero no lo pide. El anhelo es demasiado profundo, demasiado real para quedar satisfecho con palabras, promesas, instituciones, gobiernos, sociedades o compras. Al mismo tiempo, no proporciona una respuesta suficiente a las generaciones contra las que se rebela, − a menudo en vano.

Este libro, sin embargo, surge de lo que sea, emerge de esto. Más directamente, proviene de diez años de una práctica particular dentro del esoterismos de diferentes religiones, y específicamente de la Primera Conferencia y Reunión General de la Asociación para el Estudio del Esoterismo que se llevó a cabo en junio de 2004, en la Universidad de Estatal de Míchigan en Los Estados Unidos. Esto marcó el comienzo para varias universidades en Europa, en que se comenzaría a otorgar títulos en materias esotéricas (Teosofía y Esoterismo Occidental en Universidad de Gales, Lampeter, y Hermetismo en Universidad de Ámsterdam). En esa conferencia, Arthur Versluis, profesor de la universidad y autor de trabajos sobre esoterismo, habló sobre el puente. El 'puente' fue una metáfora que él usó para considerar el hecho de que los académicos y esoteristas necesitan mantener abierto el puente entre lo que fue llamado el enfoque *ético* del esoterismo (un no practicante, erudito) y el *émico* (que vino de una base de praxis así como de erudición). Este puente es importante. De hecho, es vital no solo para los académicos que desean ir más allá del escepticismo a una experiencia de vida más plena; también es necesario para los esoteristas que quieren pasar de la superficialidad y el subjetivismo a la búsqueda del entendimiento espiritual de su comprensión.

En una espiritualidad hermética, que es el esoterismo particular discutida aquí, la habilidad transgresora de cruzar ese puente es primaria. Desde la meditación al estudio, de la práctica a la teoría, de la emoción al intelecto, del espíritu al cuerpo, el cruce del puente es lo que define el

6

nuevo enfoque de la vida espiritual en este tiempo. Como lo declara la Asociación para el Estudio del Esoterismo, el suyo es un enfoque multidisciplinario en este campo. Del mismo modo, un sacerdote católico irlandés escribió en su libro de 1997, *Reclaiming Spirituality*, en que

Debido a este impacto y ambiente global, necesitamos traer nuevas herramientas de investigación y exploración a este campo de investigación. Ninguna disciplina, sin importar cuán sancionada por el tiempo, nos permitirá comprender este nuevo resurgimiento; este requiere un análisis multidisciplinario. Más importante aún, necesita ser explorado dentro del cambio paradigmático de la conciencia y el conocimiento que afecta cada área de investigación hoy...

* * *

Diarmuid Ó Murchú, arriba escribe sobre lo que está aconteciendo en el mundo, una nueva espiritualidad emergente. Como señala en todas sus obras, la espiritualidad de hoy se preocupa nuevamente por ir hacia adentro, experimentar lo pequeño, lo poco, — y no del grandioso, eterno e inmóvil Padre Todopoderoso. En la *Teología*

Cuántica de Ó Murchú, él describe la vida humana y la espiritualidad, no como algo que meramente está ocurriendo con Dios en algún gran escenario de Shakespeare, como algún dramaturgo, productor y director Gibsoniano, sino que más bien De acuerdo con la teoría cuántica, no sólo el observador está involucrado, sino que el observador en realidad trae lo que está siendo observado. Lo que observamos en el mundo que nos rodea es lo que elegimos observar, y nuestro acto de observar hace realidad la existencia.

Con estas palabras místicas y científicas irlandesas en mente, quien lea esto, – es de esperar consciente de que él o ella– comienza a observar conmigo las letras en una página; una página que no está quieta ni inmóvil. Una página que tiene relación con las letras, en que ellas mismas están en flujo y relación, no solo con la página, sino que también con el lector, incluso mientras son leídas, e incluso cuando no están siendo leídas ya.

Elegwen O'Maoileoin
Vancouver, B.C.
15 de Noviembre de 2004

Introducción:

Notas de una Década

El "gran trabajo", como un ideal, es por lo tanto el estado del ser humano que está en paz, alianza, armonía y colaboración con la vida. La voluntad de servir subyace a la actitud hermética fundamental.

-- Anónimo, *Meditaciones en el Tarot*

Me encuentro escribiendo este libro cuando comienzo la segunda década de mi devoción a una práctica espiritual particular. Mientras que mi vida religiosa ha fluctuado a lo largo de los últimos diez años, las personas han entrado y salido de la vida, las relaciones y las amistades han florecido, marchitado y muerto e incluso comenzado de nuevo, y como la educación ha pulido algunas asperezas de la mente y perfeccionado un poco algunos sentidos, un solo ejercicio espiritual ha permanecido vivo a través todo esto, que ha sido testigo de mi vida.

Por estos días, parece presuntuoso y arrogante hablar como si fuéramos objetivos, fuera del tiempo, vislumbrando lo eterno a través de los poderes de la razón y compartiendo los grandes secretos de la lógica y la revelación con las masas del mundo. La voz que se necesita hoy es la personal, la individual que llora en el desierto del mundo que se globaliza, que grita para ser escuchada en medio del alboroto de las creaciones artificiales humanas que zumban, aletean y atacan a nuestros sentidos diciéndonos "¡compra, compra, compra!". Este libro sobre espiritualidad pondrá a prueba nuestra cultura, nuestra era, – con sus guerras, su política, consumismo, opresión y violación de la naturaleza, – preguntándonos, con las muchas voces más sabias que han precedido a esta escritura para ser más simple, para visualizar una realidad diferente, para volver a imaginar otro sueño. Sin embargo, también parece soberbio e ingenuo pensar que un libro sobre espiritualidad puede hacer todo eso. No puede. Pero el Espíritu que vive en estas palabras, que habla a nuestras almas y que está siempre pidiendo una invitación a nuestras vidas, ese Espíritu de verdad puede hacer cualquier cosa. El Espíritu se mueve a través de la naturaleza, un viento, – en el espacio exterior y en los valles de nuestro planeta–, trayendo consigo un cambio constante, movimiento y transformación. Nada está quieto. Todo se mueve. Nada es constante.

Todo cambia y fluye. No hay tal cosa como la energía. Solo está el flujo de la energía. Este flujo no nos obedece todo el tiempo, quizás ninguna de las veces; pero sí obedece al Espíritu, –y estamos entretejidos *con* el Espíritu. Y *esto* obedece al Espíritu porque *esto* es el Espíritu. El Espíritu no es una categoría de pensamiento, como tampoco lo es la naturaleza. Ambas son pre-categorías. Presente con o sin mentes humanas para considerarlos. Por esta razón, deberían ser nuestra principal preocupación, el mayor foco de nuestra devoción. Ellos son nuestro eterno *otro*, la última realidad, –y si hay alguna realidad *total*, esta es la naturaleza y el espíritu. Esto es también lo que Dios es. Esto es quien Dios es. Y cuando esto es dicho, debe ser reconocido con el sacerdote y místico irlandés, Diarmuid Ó Murchú, a quien le debemos el hablar de Dios/a. Dado que la espiritualidad precede a la religión, y antes de tener la imagen del Dios masculino, nosotros adorábamos la imagen de la Diosa femenina. Mientras que en nuestro tiempo actual, lo que necesita ser conocido es la naturaleza metafórica de ambas imágenes, ya que viven en su mente y, sus roles y usos apropiados, están juntos en nuestras vidas.

Mi viaje inicial, posterior entrenamiento y enseñanza eventual de la espiritualidad hermética o hermetismo en los últimos diez años ha dejado esta indeleble creencia en mi alma. Mientras me he debatido y luchado con la creencia en la naturaleza y el Espíritu a veces: como he pasado por las pruebas de revelación, esperanza, infidelidad, desesperación, maduración y redención. Hoy, la creencia y la fe en Dios como lo que es radicalmente trascendente y radicalmente inmanente, más allá de nosotros, a nuestro alrededor y en lo profundo de nosotros mismos, es firme en mí. Siendo esto cierto, el Espíritu está presente para todos, está dentro de todos, – tanto esoteristas y personas exotéricas.

Hablando de este discernimiento entre esoteristas y no como un dualismo es común, sin embargo esto no es saludable como manera de acercarse a las personas. Y escribiré sobre dualismo más adelante: mostrando la necesidad ocasional, pero también los peligros. Arriba he escrito la palabra Espíritu y la palabra espíritu. Ellas son lo mismo. Aunque de vez en cuando voy a descapitalizar la palabra (que sólo se puede capitalizar debido a la naturaleza del español, en otros idiomas, como el hebreo o el alemán, no habría otra opción), y eso será para indicar un tono menos religioso o, me atrevo a decirlo, con un tono menos espiritual. Además, al escribir sobre la ubicuidad del Espíritu, algunas veces es más aceptable decir "el espíritu está en todas partes en la naturaleza" y es menos creíble decir "el Espíritu está en todas partes". O algunos pueden malinterpretar y pensar que estoy hablando de una fuerza alienígena o sobrenatural que se precipita dentro y fuera de la naturaleza, en vez de discutir sobre la matriz dinámica y vivificadora que se entrelaza en la física cuántica de la materia, y de ese forma material de las realidades metafísicas, las dimensiones más sutiles. Estas diferentes interpretaciones desde la perspectiva de la cual estoy escribiendo, no están equivocadas, simplemente no son lo que quiero decir. Mientras tanto, reconozco que un lector inevitablemente tomará lo que desea de mis palabras y las usará como le sea necesario. El espíritu entreteje todo e invita a todo. Las distinciones de las diferencias humanas esotéricas y exotéricas, en que solo los humanos se pierden en tales dualismos: masculino/femenino, blanco/negro, rico/pobre,

13

bueno/malo, virtud/pecado, heterosexual/homosexual, ciencia/arte, pensamiento/sentimiento. ¡El espíritu no distingue entre practicantes esotéricos y aquellos que *solo los esoteristas* etiquetan como exotéricos! Para el espíritu, esas cosas son todas iguales. El espíritu no compra en los sistemas creados por los humanos; el espíritu no es una rata que corre en nuestras pruebas laberínticas en nuestros laboratorios. El espíritu es transgresor, extraterritorial, libre de límites artificiales y de nuestros pensamientos poco saludables y restrictivos; ¡Si solo fuéramos más como el espíritu de muchas maneras! El Espíritu ama y acepta todo. En el Nuevo Testamento, Jesús menciona que el único pecado imperdonable es la blasfemia en contra del Espíritu. Cierto o no, tal historia nos habla sobre el profundo significado del rol del espíritu en el mundo. El espíritu es nuestra más grande preocupación. Pero el espíritu no está opuesto a la naturaleza, sino que está interpenetrado y se entrelaza con esta.

El objetivo de cualquier espiritualidad hermética es lo mismo que cualquier esoterismo: vivir más con el espíritu en la naturaleza. Pero nada nos puede forzar a hacer esto. Como joven, llegué a darme cuenta de esta invitación omnipresente del Espíritu en la naturaleza, hospitalariamente haciéndose presente a cualquiera que estuviese abierto. Yo respondí esa invitación cuando tenía doce años. He intentado responder cada día desde entonces. Sin embargo, como Rudolf Steiner – esoterista, iniciado, mago y fundador de la escuela hermética Cristiana a la que asistí durante trece años,- he luchado con la falta de invitación por parte del mundo humano a estar abierto al espíritu, para responder a la invitación de la naturaleza al viaje hacia adentro. Como dijo Steiner hace cien años el próximo mes,

Nadie está obligado a convertirse en un esoterista; la gente debe llegar al esoterismo por su propia voluntad. Aquellos que dicen que el esoterismo es innecesario no necesitan tomarlo. En el presente, la práctica ocultista no atrae a la humanidad en general. De hecho, es extremadamente difícil en la cultura actual someterse a las reglas de conducta que abrirán el espíritu del mundo. Dos prerrequisitos están completamente ausentes en nuestra cultura. Uno es el aislamiento, –lo que la ciencia espiritual llama "la mayor soledad humana"; el otro es la cuestión de superar el egoísmo, una característica dominante de nuestro tiempo, aún cuando en gran medida inconsciente. Sin estos dos prerrequisitos, el camino del desarrollo interno es simplemente inalcanzable.

Si bien las consideraciones y puntos de vista dentro de la religión son usadas libremente y sin disculpas, las técnicas de las escuelas de magia, los métodos de ritual o las formas de ceremonia no se abordarán. Este libro no tiene ninguna pretensión de educar el "mejor" método de practicar cualquier forma de espiritualidad. Más bien explora el terreno y las características demostrables de una espiritualidad hermética. En cuanto a la mejor manera de obtener una práctica espiritual, simplemente encuentre a alguien o a algún grupo en quien confíe y pregúntele si puede aprender. Entonces hágalo con un corazón sincero y amoroso, sin dejar de recordar ser: "inocente como una paloma, pero sabio como una serpiente". No te dejes desviar. No sometas tu libre albedrío a la dominación de otro – (la obediencia es algo diferente, por supuesto). En muchos sentidos, este texto puede resultar más útil para un estudiante que ya vive un camino espiritual hermético y con preguntas vivientes que pueden ser exploradas conmigo en las páginas de este libro. Si aún no ha encontrado una práctica o praxis, como a menudo le llamaré, – sugiriendo el reflejo mutuo interactivo de la teoría y la práctica– y, por tanto, encuentra este texto sin uso, me disculpo y reconozco mis propias limitaciones. Escribo al final de un ciclo, una práctica que he mantenido durante diez años y ahora, como comienza a cambiar, en el undécimo año de mi devoción por este camino, me encuentro llamado por mi Ser Verdadero, a reflejar lo que he pasado, aprendido y sobre lo que he visionado. Además, del llamado espiritual de cualquier persona comprometida con cualquier aspecto particular que el camino hermético requiere para la transmisión de su conocimiento a otros de una forma apropiada al momento y al lugar. Escribir este libro, entonces, me parece apropiado para este momento y lugar.

Como ser humano limitado e imperfecto, que confía en el Espíritu para sanar, guiar, dirigir, instruir, empoderar, amar y confortar, avanzando con una confianza vacilante en la humilde redacción de este texto. Titubeando de que yo pueda hacer lo mejor, y confiado en que Dios y el Ser Verdadero interno trabajarán a través de mí y el Espíritu me inspirará, que lo que está escrito es limitado y está ligado al momento de su epíclesis, y solo será a través de la fe, creatividad e imaginación, el tener alguna posibilidad de transmitir algo de verdad para usted, querido lector.

Las Tradiciones Herméticas

"La tradición es viviente sólo cuando esta constituye un *completo organismo*, cuando esta es el resultado de la unión del misticismo, la gnosis, la magia y la filosofía hermética. Si esto no es así, esta *decae y muere*".

- Anónimo, *Meditaciones en el Tarot*

LOS CAMINOS:

MUCHOS CAMINOS, MUCHAS VERDADES

"No parece factible ni deseable luchar por un solo sistema de creencias para todas las personas".

- Obispo Michael Ingham, *Las Mansiones del Espíritu*

Es importante comenzar reconociendo una verdad. Como sabemos hoy, no hay Verdad; así como no hay Camino. Lo que tenemos son verdades y caminos. Este es un mundo pluralista en el que las cosas se deben interpretar contextualmente. Es cierto que, ya sea usted un llamado pluralista o no; un pluralista es simplemente definido como una persona que cree en la validez de muchos caminos y muchas verdades. Por supuesto, esto no es para volverse relativista y decir que todas los caminos son tan efectivos, como 'buenos' o como morales. Hay muchos caminos y verdades que causan un gran daño; y básicamente cada camino tiene su debilidad, su desventaja que generalmente debe ser compensada por el sentido común del seguidor. Michael Ingham reconoce esta necesidad de comprometerse con una espiritualidad, al mismo tiempo que reconoce que esta es imperfecta: "como seres culturales e históricos, no tenemos más opción que comprometernos con un camino particular si deseamos alcanzar el objetivo del entendimiento espiritual. Pero incluso mientras lo hacemos, debemos reconocer el no absolutismo del camino mismo, las limitaciones necesarias de nuestra elección. Tal paradoja es inevitable si deseamos dejar atrás los peligros del exclusivismo religioso ".

INTERIOR Y EXTERIOR: ESOTÉRICO Y EXOTÉRICO

El viaje de la vida espiritual generalmente se ve en una dualidad. Usualmente hay una revelación o conversión espiritual dentro de una persona, y su vida es entonces un viaje hacia afuera para encontrar su significado; o, hay una búsqueda en el mundo, una búsqueda continua para encontrar el significado del ser en el mundo y, finalmente, este es el viaje interior. Pero las dualidades son peligrosas. Mientras que en ciertas enseñanzas juegan su parte, y en ocasiones nos ayudan a aprender, en la posmodernidad sabemos que la creencia del *hombre* de que todas las cosas tienen sus opuestos y vienen en parejas es falsa. Si no es falsa, esta es una creencia sobre el cosmos que debemos reconocer está superpuesta por los filósofos occidentales varones desde Platón.

Debemos estar abiertos a nuestra propia fabricación de esta comprensión de la realidad. Si bien es útil como método (a veces), es impropio como una metafísica – ¡una creencia en *la manera que las cosas son!* La comprensión humana, la estadía espiritual en la que todos estamos es un doble movimiento: nos movemos hacia afuera a medida que avanzamos hacia adentro, y nos movemos hacia adentro a medida que avanzamos hacia afuera.

Uno de los mayores problemas dentro del hermetismo, o entre esoteristas (a quienes solíamos llamar ocultistas), en mi experiencia, ha sido el elitismo y el egotismo. Aún cuando generalmente reconocen la importancia de la humildad espiritual, en su desarrollo interior se vuelven exclusivos y usualmente piensan que son especialmente capaces de ser o de hacer 'en un nivel' que otros son incapaces. Esta es una tremenda barrera a la verdadera comprensión espiritual. Pero cuando uno decide comprometerse principalmente con el viaje interior, hacia el desarrollo esotérico, el sentimiento de superioridad inevitablemente germina y crece. Aquellos que viajan hacia adentro, o conscientemente siguen lo esotérico no deben negarse a ellos mismos el compromiso externo en el mundo. Una persona espiritual que es incapaz de alimentarse a sí misma o de hacerse cargo de deberes mundanos debido al grado de introspección que ha desarrollado, esta errada. La negación del cuerpo, como regla general, no conduce más cerca del Ser Verdadero. (No obstante, el ayuno no siempre es malo.) La cuestión en juego no es el cómo el esoterista se está desarrollando espiritualmente, sino cómo en el camino el esoterista podría estar negando los requisitos de la vida. Ya que la mayoría de los humanos de hoy en día no han encontrado conscientemente una vivificante espiritualidad que genere abundancia y plenitud al nivel más profundo, esto no significa que aquellos que la tienen son mejores o incluso que estén *más adelante en su camino*. En este último pensamiento, estaré en desacuerdo con muchos. Pero ha sido la razón por la que he tenido que separarme de muchos otros compañeros viajeros del camino interno.

No aceptando lo esotérico y lo exotérico, los caminos internos y los caminos externos, como una dualidad necesaria que nos libera para ser abiertos y hacer partícipes a todos los que viven en el mismo nivel. Pablo dijo que debemos vivir espiritualmente en el mismo nivel que los "humildes". Michael Ingham, un gran maestro de nuestro tiempo y un ejemplo de liderazgo espiritual, ha resaltado otras diferencias entre lo esotérico y lo exotérico, en lo que se refiere a las espiritualidades semejantes.

El creyente exotérico es alguien para quien la verdad debe ser concreta y práctica. Esta es una persona que ve a Dios en términos singulares y sin ambigüedades, y para quien la revelación de una noción multifacética y multiforme, no tiene sentido y es contradictoria. La fe de esta persona se fundamenta en aspectos específicos, en hechos históricos o en las distintas enseñanzas de una comunidad de fe determinada, y se vuelve insegura y tenue si las anclas se retiran y el barco es dejado a la deriva. Para el exotérico, las abstracciones y las universalidades no tienen comprensión sobre la imaginación o el corazón. La forma en que Dios es conocido debe ser, por lo tanto, la única forma en que Dios se puede conocer.

Los esotéricos, por otra parte, tratan la forma meramente como un vehículo de sustancia, aunque necesario. Como en el arte o la música, donde una obra en particular puede simplemente funcionar como una ventana para el espectador a través de una vista más amplia y profunda, los elementos particulares de la fe religiosa no tienen significado en sí mismos, excepto como revelan al Dios oculto dentro y detrás de ellos. Lo esotérico es dibujado más allá de lo particular a lo universal, lo Absoluto que trasciende y relativiza lo específico. Esto no implica ninguna negación de la revelación. Lo que lo esotérico niega es el carácter final de cualquier revelación específica, ya que en este estado de conciencia, las distinciones históricas y materiales tienen poco valor. Las formas en las cuales Dios puede ser conocido son infinitas.

Pienso que es muy importante reconocer que hay personas en el poder en la corriente principal del cristianismo que reconocen esta realidad esotérica-exotérica. Ingham es solo uno de muchos ejemplos que ven esto. Desafortunadamente, aquellos que reconocen esto son ampliamente superados en número todavía hoy en día. Hay muy pocos en la Iglesia Católica Romana, la más grande de las denominaciones cristianas, que estando en el poder, tienen una mentalidad tan esotérica. Hans Urs von Balthasar, un Cardenal del Papa Juan Pablo II recientemente fallecido, era un esoterista y también un neoconservador. Esto fue posible porque, como todos los esoteristas, tenía una mente mística que podía vivir dentro de la paradoja y no confundirse y descentrarse por la realidad interna. Esta realidad interna que a menudo recordamos, contradice la realidad exterior. Un sacerdote católico irlandés, que recientemente ha tenido un gran impacto personal en mi crecimiento, Diarmuid Ó Murchú escribe que

El colapso religioso, moral y espiritual de nuestro tiempo tiene que ver con la religión y no con la espiritualidad. En cierto sentido, la espiritualidad está prosperando hoy y los buscadores espirituales de nuestro tiempo saben que están haciendo algo por lo que vale la pena luchar. El problema es que a menudo son mal juzgados, refutados y rechazados por los propagadores de la religión formal que, –en muchos casos–, son incapaces de comprender lo que realmente está sucediendo.

Ó Murchú tiene una visión tremenda, y ciertamente ha superado la educación católica irlandesa que tuvo en la década de 1950 en Cork, Oeste de Irlanda. Una ciudad que dio a luz a la lucha irlandesa por la liberación, así como al violento Irish Republican Army (IRA) hace cien años. Con una familia que vino de Irlanda durante ese tiempo, estoy impresionado por aquellos que han crecido más allá de las cicatrices de ese entorno. Este místico irlandés tiene lo que Michael Ingham llama la capacidad de "ver a través" la habilidad del esoterista, desarrollada dentro de su alma. El valor de considerar las biografías y los contextos específicos de los esoteristas está en mostrar para los esoteristas, quien sigue una espiritualidad hermética, el hecho de ver a través puede lograrse con un desarrollo esotérico interno en cualquier lugar, en cualquier momento, sin importar las barreras y obstáculos. Debido a que vivimos en una era transnacional, hiper tecnológica, de alta velocidad, donde nuestros sentidos están constantemente bajo ataque por una plétora de estímulos dañinos no deseados, no significa que sea imposible ser contemplativo, vivir centrado, con una vida focalizada y obtener los frutos del desarrollo interno. Es sólo cuando nos damos por vencidos en la búsqueda, que dejamos de buscar un viaje, cuando fallamos y nos volvemos estrictamente *exotéricos* −perdidos, sin esperanza y materialistas. La perseverancia es la única virtud verdadera que asegurará la comprensión espiritual en la vida; aunque posiblemente todos estemos garantizados a tal después de la muerte, el esoterista está definido por la búsqueda de esa visión durante la vida. *"Busca y lo encontrarás"*: tenemos la garantía del Ser Verdadero dentro de cada uno de nosotros.

EL CAMINO DE HERMES

"¿Cuál es el sentido gnóstico?

Es el sentido contemplativo. La contemplación, que sigue desde la concentración y la meditación, –comienza en el momento mismo en que se suspende ese pensamiento lógico y discursivo ".

– Anónimo, *Meditaciones en el Tarot*

"... la memoria pura es una manifestación espiritual. Con la memoria, estamos en el dominio mismo del espíritu ".

- Henri Bergson, *Materia y Memoria*

"En el cuarto estado, las personas viven en la memoria. Esto no es como la percepción sino algo remoto o espiritual. Si no tuviéramos memoria, no seríamos capaces de mantener ningún desarrollo espiritual ".

- Rudolf Steiner, *Esoteric Development*

Desde el ámbito plural en que vivimos hoy, se debe decir que no existe una Tradición Hermética. Existen muchas tradiciones herméticas, sin embargo; y entiendo según la erudición de Antoine Faivre, profesor de esoterismo y misticismo en la Sorbonne de París, que el esoterismo tampoco es una cosa en sí misma, sino más bien un aspecto dentro de otras formas, otras tradiciones. Estos son llamados elementos herméticos, probablemente dentro de todas las espiritualidades. Dicho esto, sería bueno dar algún alcance en cuanto a lo que la palabra 'hermético' ha llegado a significar; aunque en el caso de que una palabra sea una cosa viviente que no podemos confinar a una página o a un significado estable.

Sin embargo, sabiendo esto, podemos abrirnos al flujo de sus significados y permitir que interactúe con nuestra experiencia sensitiva tanto de este texto como de nuestra espiritualidad 'hermética'. Una espiritualidad hermética no es diferente a una contemplativa. De hecho, la contemplación es uno de los componentes claves del camino hermético. Sin embargo, la contemplación no abarca el hermetismo. Esto puede probarse en dos simples hechos. Las espiritualidades 'contemplativas' de las culturas post-cristianas occidentales no incluyen ni la *teurgia* ni la *taumaturgia* dentro de su ámbito reconocido de práctica – no incluyen la magia sagrada. Uno encontraría muy pocos contemplativos, y mucho menos de cristianos promedio, que admitieran ser teúrgos, taumaturgos, o *ambos*. Esto no quiere decir que no haya ninguno. Hay clérigos y laicos Reformados (católicos/protestantes), Católicos Romanos y Ortodoxos Orientales que practican estas cosas de manera consciente y resuelta. Especialmente en la Ortodoxia Griega, el Catolicismo Renacentista y el Anglicanismo Isabelino y Victoriano en que hay fuertes corrientes de estudios teúrgicos y taumatúrgicos. Ni el judaísmo ni el Islam están excluidos de estos estudios. La Alquimia (un elemento de la espiritualidad hermética) fue aprendida por los cristianos de los musulmanes árabes en las Tierras Sagradas durante y antes de las Cruzadas; mientras que el judaísmo, con su prehistoria en Egipto y en el Cercano Oriente en general, tiene sus raíces en las enseñanzas religiosas Egipcias y más tarde, su desarrollo en el pensamiento Helenista, –desde donde se conocen los también llamados textos herméticos más antiguos. Se dirá más sobre la contemplación (no es lo mismo que la consideración o concentración o cualquier otra facultad *humana*). En resumen, el hermetismo es una espiritualidad orientada a acortar la brecha experiencial entre Dios, (los dioses) y los humanos. En este sentido, el hermetismo mantiene muchas consideraciones.

Estas consideraciones varían según seas cristiano, judío, musulmán, pagano u otro. Dada la identificación cristiana que tengo, este será el enfoque inevitable de este pequeño libro. Sin embargo, debido a mi formación en hinduismo místico, paganismo, judaísmo jasídico y catolicismo romano, creo que tengo una buena oportunidad de ofrecer ventajas y diálogos con estas diferentes religiones. El hecho es que todos tienen características herméticas sostenidas; y todos ellos, por supuesto, tienen su esoterismo. Es la acumulación de esas características hermético-esotéricas en la vida de un individuo lo que crea la espiritualidad del hermetismo, – la cual este libro se preocupa de abordar. La gnosis, o el sentido gnóstico, se ha mencionado como el sentido contemplativo. Lo que con esto se quiere decir, es que es la misma experiencia de la *epiclesis* en el altar durante la invocación del Espíritu sobre los elementos. La *epíclesis* es ese descenso instantáneo del Espíritu. En el ser humano, es la comprensión epifánica intuitiva que a menudo surge de la nada. Mientras que en otras ocasiones madura lentamente, subconscientemente y surge dentro como el levantamiento de la serpiente en la base del árbol. Henri Bergson en su filosofía creía que la intuición era el atributo humano más elevado y la única forma de acceder a la realidad última u objetiva. Al decir esto, también se debe reconocer y advertir que la palabra intuición es amplia y general, y en la mayoría de los casos no se abusa de esta en nuestro uso común. Por esta razón, los místicos hebreos tienen una serie de términos que describen los diferentes tipos de funcionamiento intuitivo.

Mientras tanto en este texto a veces usaré *epiclesis* para describir esa sorprendente inspiración del Espíritu directamente sobre nuestro Ser Verdadero, que imbuye en nosotros un conocimiento similar a la sabiduría. Los cristianos que revivieron el hermetismo en la era victoriana de Inglaterra, hablaron del objetivo de los misterios como 'Conocimiento y conversación con tu Santo Ángel Guardián'. Para ellos, esto era visto como equivalente al Ser Verdadero, al Ser Superior, a Dios dentro de nosotros. Creo que esta experiencia repetida de epiclesis personal es ese conocimiento y conversación de la que hablan los Cristianos herméticos Victorianos. Todo esto, el desarrollo del conocimiento interno, la intuición esotérica que se comunica con el Espíritu, es lo que significa la palabra griega gnosis. La sacerdotisa mística y episcopal Cynthia Bourgeault, una alquimista y maestra, también encuentra que esta palabra necesita clarificación en su propia escritura. Muchos escuchan 'gnóstico' y piensan en los primeros herejes Cristianos. Esto tiene un uso diferente que el de la palabra Gnosticismo. Solamente debe existir una preocupación cuando se discute de gnosis, los gnósticos, el esoterismo y el hermetismo, y este es el miedo en torno al elemento secreto u oculto.

A principios del siglo XX, Rudolf Steiner también tuvo que lidiar con tales temores e inquietudes. Su respuesta fue que los misterios deben ser aprendidos, no arrojarse como perlas a los cerdos, se podría decir. Si esto se hace, entonces no se aprendieron ni se apreciaron, del mismo modo que los cerdos no verían el valor humano de las perlas, los humanos a menudo fallamos en ver el valor divino de los misterios de la naturaleza, la sabiduría y gnosis del Ser Verdadero. De acuerdo con Steiner

la práctica oculta, que implica las leyes de la existencia generalmente ocultas de la observación sensorial cotidiana de la experiencia humana. De ninguna manera, sin embargo, estas leyes no se relacionan con la experiencia cotidiana. Oculto significa "escondido" o "misterioso", pero debe enfatizarse una y otra vez que el esoterismo implica necesariamente precondiciones. Las matemáticas avanzadas serían incomprensibles para un simple campesino que nunca las encontró; Del mismo modo, la práctica oculta es incomprensible para muchas personas hoy en día.

Sin embargo, deja de ser "oculta", una vez que uno la ha dominado. La idea de las enseñanzas que están veladas, ocultas, escondidas hasta que son experimentadas y aprendidas no es poco sana en sí misma. Tampoco es subversiva o condescendiente para aquellos que no son 'no iniciados'. Hace cien años, Steiner simplemente estaba repitiendo lo que todavía es cierto hoy en día. Los humanos deben participar voluntariamente y contemplar el trabajo del espíritu y la vida interior. "Así como el alquimista observa los procesos de la naturaleza para que él o ella pueda desempeñar un rol ingenioso en ellos", dice Thomas Moore, "así podemos entrar en los procesos profundos de una relación observando desde cerca su química". Thomas Moore, un psicólogo, místico y monje durante 12 años discute la realidad entrelazada y relacional de la naturaleza y las relaciones humanas. El hecho es que la espiritualidad hermética, y no *todas* las espiritualidades, se ocupa de lo interno *y* lo externo, del espíritu y la naturaleza, de lo personal y lo transpersonal, del pasado, el presente y su transformación en el futuro. Moore (también un defensor de las *Meditaciones en el Tarot*) dice

Mientras observamos el alma sin intervenciones heroicas, nuestras actitudes pueden cambiar, permitiendo que las transformaciones alquímicas tomen lugar por sí mismas – cambios en el color de nuestros estados de ánimo, el peso de nuestros pensamientos y las texturas de nuestros sentimientos.

Moore está mostrando el interior, la comprensión esotérica que podemos obtener con respecto a todas las relaciones al observar y aprender del espíritu en movimiento, el flujo de energía, –lo que Moore llama el proceso 'alquímico' interno. La unidad que Moore reconoce como alquimia, como un componente de la espiritualidad hermética, es comentada por el hermetista católico-romano Valentin Tomberg cuando dice que "el hermetismo práctico es alquimia".:

El ideal del hermetismo es esencial y fundamentalmente el ideal alquímico. Esto quiere decir: cuanto más uno se vuelve verdaderamente humano, más se manifiesta el elemento divino subyacente a la naturaleza humana, que es la "imagen y semejanza de Dios" (Génesis 1, 26). El ideal de la *abstracción* invita a los seres humanos a eliminar la naturaleza humana, a deshumanizar. Por el contrario, el ideal de *transformación* alquímica del hermetismo ofrece a los seres humanos el camino a la realización de la verdadera naturaleza humana, que es la imagen y semejanza de Dios. *El hermetismo es la rehumanización de todos los elementos de la naturaleza humana, es su retorno a su verdadera esencia.* Así como todos los metales básicos pueden ser transformados en plata y en oro, también lo son todas las fuerzas de la naturaleza humana susceptibles de transformarse en "plata" u "oro", es decir, en lo que son cuando comparten la imagen y semejanza de Dios.

Se discuten dos temas del camino de Hermes: el tema del aprendizaje interno y el tema de la transformación interna. Estos son ambos herméticos. Y si bien lo intuitivo, el aprendizaje esotérico, lo interno y la transformación alquímica puede ocurrir en todos, no es recibido por todos. El punto de Steiner vuelve a ser que debemos ser abiertos. Debemos aceptar la invitación del Espíritu. En las historias de Jesús y sus discípulos también hay una interpretación que considera su ministerio durante el día y su enseñanza durante la noche. Considere la referencia de Tomberg a los discípulos del día y a los discípulos de la noche.

Ahora, un esoterista diría, 'ese soy yo, el discípulo de la noche', y que los *otros* son los discípulos durante el día. Quizás el cristiano dominical promedio o el fundamentalista extremo de cualquier religión que sólo tiene interpretaciones vulgares de historias contadas a las masas y para ellas. Pero no solo esta visión es arrogante, sino que es contraria a una espiritualidad hermética que busca ser ambas cosas, y deambular entre ambas, tomar noticias y ser un mensajero de uno a otro.

A lo largo de la historia, muy pocas personas han querido vivir y vivir espiritualmente en esta tensión interna y externa. Existe un grado de ansiedad que proviene de equilibrar lo esotérico y lo exotérico; pero es, me contengo, una ansiedad espiritual que es tanto más necesaria para que los seres humanos puedan incorporarse a sus vidas de maneras no destructivas y que facilitan, en lugar de obstaculizar, una espiritualidad creativa que les da a ambos su propia abundancia interna y también la abundancia de la naturaleza. En esencia, estamos diciendo el viejo adagio hermético: "como es arriba, es abajo, como es abajo, es arriba".

SER HERMES

Dada la tradición que está siendo observada, y el hecho de que reclame por su nombre la forma adjetival del dios griego Hermes, algo debería ser dicho acerca de por qué esto es así. Este libro no se llama espiritualidad esotérica porque es demasiado general, también la idea de espiritualidades no esotéricas (aunque es una realidad) es algo que no se alienta aquí. Esto no está escrito para los contentos, los no buscadores. Esto es para los extraterritoriales, los buscadores, los buscadores de significado y de un nuevo significado. Si está perfectamente satisfecho con el mundo tal como es, con su vida tal como es, y todo generalmente está bien para usted, –probablemente no esté leyendo este libro. Este es un libro para aquellos que han encontrado a Hermes, el Mensajero de los Dioses.

Los dioses en la antigüedad, en las religiones politeístas de los griegos, los egipcios, los sumerios y los hindúes, nosotros personificamos aspectos de los seres humanos. Ellos todavía lo son. Incluso el judaísmo tenía dioses, –aparte de los dioses extranjeros, los israelitas tenían problemas frecuentemente por la adoración– aparte del único Dios, Yahweh o Elohim. Los ángeles en la fe hebrea desempeñaban los roles de los aspectos divinamente autorizados del ser humano. El cristianismo también tiene no solo a los ángeles de su herencia judaica, sino que tradujo a estos y a los dioses paganos de las culturas para convertirlos en sus propios, menos monoteísticamente ofensivos dioses, los Santos. Lo cierto es que en las primeras iglesias todos los cristianos fueron llamados santos (ver las epístolas de Pablo, por ejemplo, Romanos capítulo 12). Si bien sólo más tarde se hizo más difícil ser un santo y, por lo tanto, en los idiomas que lo permiten gramaticalmente, algunos distinguen entre los Santos capitalizados y los regulares, santos sin mayúscula. Visto desde la perspectiva de la adopción de deidades paganas, tiene sentido que este Santo en mayúscula necesite existir, para permitir que las culturas paganas retengan sus dioses y festivales con similares representaciones, y que su conversión requiera entonces solamente una coloración cristiana para lo que todavía era esencialmente pagano.

Hermes nunca llegó a ser un Santo, ni siquiera un santo. Lo que sucedió fue que en el Renacimiento cuando un cuerpo de escritos pos-cristianos se hizo popular, en particular entre los neoplatónicos de Florencia, el padre Marsilio Ficino y Giovanni Pico della Mirandola. El sacerdote cristiano y su discípulo noble fueron fuertemente influenciados por la magia hermética y la Kabbalah judeo-hermética, respectivamente. Con la aprobación de los Cardenales y un Papa, y el apoyo financiero de Cosimo y más tarde de su hijo Lorenzo de Medici, –la famosa familia mercante,– estas enseñanzas florecieron y tuvieron un gran impacto en la fe católica romana. Las escrituras se atribuyeron a Hermes Mercvrius Trismegistvs, que erróneamente se creía que era un contemporáneo de Moisés –Moisés, que por supuesto en este momento también se creía falsamente que había escrito la Torá, también llamada "Los cinco libros de Moisés". Las escrituras se publicaron algunas veces por separado, pero finalmente se recopilaron juntas como el *Corpvs Hermeticvm*, –un escrito ampliamente disponible en la actualidad. Lo que quiero decir, hablando con aquellos que se han encontrado con Hermes no son los que han leído el *Corpvs*; o incluso aquellos que quieren o estarían bajo su dirección. Leer el *Corpvs* no es necesario para que uno viva y practique una espiritualidad hermética.

Sin embargo dado el hecho de que Hermes, y también Hermes Trismegisto, son personificaciones míticas de un estado o modo interior del ser humano, cuando hablo de aquellos que se han encontrado con Hermes, estoy hablando de aquellos que se han encontrado con el Mensajero de los Dioses, –el mensajero del Ser Verdadero. Si te has encontrado con Hermes, entonces te has encontrado con el mundo interior, esos ángeles y Santos del alma que nos llevan lo divino, el alma esotérica que vive en todos nosotros. Entonces, este encuentro lleva a una espiritualidad en aquellos que quieren llevar esta experiencia a otros, llevándola hacia afuera, hacia el otro: cruzando el puente. Esto no se puede hacer a la ligera. Como mis maestros siempre han señalado, el mundo no es un lugar hospitalario, particularmente para aquellos con 'buenas noticias', como lo hemos visto. Tampoco el mundo acepta el desafío; da la bienvenida al mensajero que nos pide cambiar, o mirar adentro, para transformar o marcar la diferencia. Y, por supuesto, por 'mundo' aquí me refiero a la sociedad. El mundo, como en el mundo de la naturaleza, está más que abierto: está anhelando, –ansia el despertar de la voz interior que une la naturaleza y la humanidad a través del Espíritu entretejido. Mientras que la naturaleza y el cosmos son un lugar de invitación, flujo y cambio, la sociedad a menudo quiere estabilidad, seguridad y mantenerse a sí misma. Este modelo humano patriarcal no refleja el mundo natural, ni el cosmos en absoluto. El cosmos y toda la creación está en constante movimiento, en un flujo dinámico. La energía nunca es energía; la energía es siempre un flujo. Conocer a Hermes es estar viviendo en este flujo, volando con las alas de nuestros pies, llevando el Caduceo, el bastón de la vida con las serpientes entrelazadas y viviendo en la tensión de tus deberes hacia los dioses (el Ser Interno y Verdadero) y llevando este mensaje, un mensaje a menudo desafiante y no deseado, por la sociedad de normas y estándares (el Ser Falso y egoico).

Donde esto ocurre es tan importante como la forma en que esto ocurre. Conocer el contexto de nuestro ser Hermes, nuestra espiritualidad hermética, es más que importante, es clave. La vida humana no está fuera de la naturaleza, es parte de esta. Ser parte de la naturaleza es realmente todo lo que toma ser hermético. Así que, por lo tanto, deje que el hermetista siempre busque la naturaleza, que la conozca a ella y a sus misterios, que escuche el espíritu dentro de sus ramas, raíces, ondas, olas y vientos: porque ella es la voz de Dios, y su silencio, antes de que ella siquiera haya pronunciado la Palabra por primera vez, fue el primer lenguaje de Dios. La naturaleza dice, sin sonido, a todos los que escuchan hoy: "antes de la Creación fuí, yo soy".

La Naturaleza y el Cosmos

"Dios nos atrae con fragmentos dispersos del cuerpo divino, en un pájaro, una bestia y una planta".

LA NATURALEZA, TRANSFORMANDO, TODO

Vivir la espiritualidad en la tradición hermética significa situarnos a nosotros mismos en la naturaleza. ¿Qué es la naturaleza? Los filósofos y teólogos han discutido y debatido esto literalmente por siglos. Considerado herméticamente: la naturaleza es todo. Podemos utilizar la antigua formulación filosófica, si lo desea, de dividir la naturaleza en dos fases, la *naturaleza naturalizante* (*natura naturans*) y la *naturaleza natural* (*natura naturata*). La primera fase, naturaleza naturalizante, es la parte de la naturaleza antes de la creación manifiesta, una especie de pre-naturaleza que aún forma parte de la naturaleza. La segunda fase es la naturaleza tal como la concebimos normalmente, las realidades visibles e incluso, invisibles, −fuerzas y formas,− del mundo y del cosmos.

El cosmos y la naturaleza son uno. Sin embargo, al hablar de cosmos y cosmología dejamos espacio para creencias ideológicas, religiosas u otras creencias conceptuales que una persona pueda afirmar por sí misma en su experiencia de vida. El valor de considerar que la naturaleza tiene una fase pre-formativa es lo que permite diversas ideas, como el **"bajo-consciente"** de la naturaleza, como vemos en la metafísica semiótica de Robert Corrington. Si "como es arriba, es abajo" es de hecho verdad, entonces esto sólo tiene sentido que así como los humanos son considerados por tener un subconsciente y/o un inconsciente, entonces la naturaleza también tendría esto. El otro componente de este cosmos naturalista que se nos ofrece es un Emanacionismo que no solo está en armonía con las enseñanzas místicas como la Kabbalah, sino que niega el sobrenaturalismo. Ahora bien, esto no quiere decir que lo *supernatural no exista*. Más bien, nos deja incluirlo dentro de un paradigma de la naturaleza. Esto permite a la espiritualidad hermética el empoderamiento de los humanos con su capacidad plena de divinizarse sin tener que arrepentirse de su naturaleza humana esencial. La naturaleza humana niega una naturaleza sobrehumana. El hermetista maduro, independientemente del compromiso religioso, no debe esforzarse por convertirse en no humano. (El *superhombre* nietzscheano, la *teosis* Oriental Ortodoxa, la divinización, no son no humanas, sino 'más que humanas' en grado pero no en especie). Si todo está dentro de la naturaleza, o en un cosmos natural, de los milagros y los poderes aparentemente sobrenaturales no son sobrenaturales, aunque ciertamente son divinamente inspirados. Tales poderes, gracias y regalos *no necesitan* una fuente más allá de lo natural. Las emanaciones de la realidad y las órdenes de existencia de Dios nos proporcionan toda la energía que necesitamos para crear los tan llamados efectos sobrenaturales conocidos en la historia.

Desde esta cosmología, o cosmovisión, el hermetista abarca todas las fuerzas y formas de creación como el comienzo y el final en la naturaleza. Como las ciencias han afirmado, la energía solo se transforma, nunca se destruye. Por lo tanto, no hay creación de un ser o realidad sobrenatural, −nada fuera de la naturaleza. Lo que hay son los niveles de creación (los mundos y los Sefirot de la Qabalah) que podemos experimentar a través de nuestros sentidos limitados o de nuestros sentidos extendidos −estos han sido denominados en los esoterismos anteriores los sentidos físicos y espirituales. Esta es una división falsa que asume que lo físico no es espiritual. Tal no es así. Sabemos que las cosas materiales son simplemente formas más densas de energía, vibrando de forma diferente cada una consecuentemente.

A medida que la ciencia descubre más por sí misma, la espiritualidad encuentra su realidad más afirmada. Aquellos con una espiritualidad hermética deberían abrazar los paradigmas de la ciencia —lo que ofrecen es atractivo. Lo que no ofrecen es simplemente aquello que no ha sido suficientemente determinado. Esto no es nada de temer. Lo desconocido no debe ser la fuente de nuestros temores en la naturaleza, sino una parte de nuestra emoción, agradecimiento por nuestra vida, y las oportunidades de existir como tales seres conscientes y sensitivos en medio de una vida multiforme y esplendorosa.

LA MATRIZ DEL ESPÍRITU

"El mundo de los espíritus que nos concierne en este libro no es el de extraños y misteriosos encuentros entre humanos y algún tipo de seres sobrenaturales (fantasmas, poltergeists, guías espirituales, etc.). Estas realidades merecen estudio y consideración por derecho propio; en mi opinión, abarcan sólo una dimensión de una realidad mucho más completa relacionada no sólo con la humanidad sino con la creación en general. La creación misma está impregnada de poder espiritual [...]".

Diarmuid O'Murchu, Reclaiming Spirituality

La naturaleza está llena de espíritu. El Espíritu es santo y está dentro de la naturaleza, −lo que a veces crea cataclismos que parecen ser la devastación de la vida humana, catástrofes, monstruosidades de un universo caótico que necesita ser dominado, subyugado y controlado. ¡La naturaleza puede parecer apocalíptica!

El Espíritu no es destructivo y, sin embargo, vive dentro y a través de la naturaleza, que puede ser errática y parecer desordenada. Hay muchas explicaciones y discusiones filosóficas y teológicas sobre esto, vale la pena explorarlas y deberían continuar. Sin embargo, para nuestros propósitos, el Espíritu se enfocará en el ámbito particular de su participación en la naturaleza extática autotrascendente. El espíritu como aquello que levanta la vida a partir de las frecuentes destrucciones, es al que nos enfocaremos como el énfasis en la espiritualidad hermética. El espíritu que es la matriz de la naturaleza y el Espíritu que nos esforzamos por integrar en nuestro entendimiento, –de modo que lo que vivimos no es la aleatoriedad del instinto humano y las reacciones emocionales e intelectuales, sino la brújula interna que nos ha dado Dios, y conocemos a través de nuestros Seres Verdaderos, el Dios-con/en-nosotros: el **im-man-u-el** de Revelación.

LA VIDA HUMANA EN LA NATURALEZA

"El hermetismo, −o la filosofía de la magia sagrada,−
por el contrario quiere purificar, iluminar y cambiar la
voluntad y la naturaleza del hombre con el fin de llegar
armonizarlas con el principio creativo de la Naturaleza
(*natura naturans*) y hacerlas capaces de recibir su
voluntariamente otorgada *revelación*".

− Anónimo, *Meditaciones en el Tarot*

La experiencia humana de la naturaleza es
intrínseca a una espiritualidad hermética.
Tristemente, la suposición de que la espiritualidad
en sí misma asumió tal relación experiencial entre
la vida humana y la naturaleza ya no puede ser
hecha. Muchas espiritualidades prosperan en el
mundo posindustrial mecanizado del capitalismo
global; Los centros comerciales reemplazan la
selva tropical, los rascacielos alcanzan la gloria
perdida de los antiguos cedros, los automóviles y
los aviones consumen y corrompen el espíritu −el
aire mismo, (en hebreo, aliento y espíritu son
ambos *ruah*) - trayéndonos enfermedades y
pandemias. Dentro de esto se pueden encontrar
numerosas espiritualidades que aceptan el
régimen del capitalismo de mercado y la

propaganda de recursos naturales ilimitados. Hoy respaldamos las espiritualidades que objetivan la naturaleza y el medio ambiente; es decir, formas de vivir con el ser como sujeto y la naturaleza como objeto.

Valentin Tomberg discute la revelación que la naturaleza nos ofrece. Proporcionando voluntariamente dentro de los pliegues del significado de la naturaleza una gnosis de conocimiento, un tipo de sabiduría que habla al corazón y no a la mente, la espiritualidad hermética se abre a la naturaleza como una prioridad. Una espiritualidad hermética vuela con alas en los pies a través del aire, y de esta manera, reconoce la naturaleza como 'sujeto' o, dado los numerosos pliegues dentro de la naturaleza, como 'sujetos'. Una teóloga contemporánea, Sallie McFague, ha afirmado la necesidad humana de relacionarse con la naturaleza ya no como sujeto/objeto, usuario y usado, sino como sujeto/sujetos. Este modelo de relación, de los humanos en la naturaleza, sugiere una especie de armonía e interrelación de la vida y el aprendizaje mutuo. Otro erudito contemporáneo, Arthur Versluis, ha visto este conocimiento íntimo de la naturaleza divina −y la naturaleza como divina−

como una especie de gnosis esencial para una nueva comprensión del cristianismo: Sin embargo, la situación actual en tierras históricamente cristianas –la crisis ecológica, sociológica, cultural y religiosa que nos confronta –se ha vuelto casi tan insostenible que uno no puede evitar sino en pensar que una reevaluación de la tradición cristiana en su totalidad puede ser esencial. En cualquier reevaluación de este tipo, la *gnosis*– un conocimiento experiencial de las cosas divinas,– debe considerarse como esencial.

Re-imaginando la posición humana en la naturaleza, y por lo tanto en relación con lo divino, el Espíritu, en parte determina nuestro conocimiento de ese mismo Espíritu y Dios. Las prioridades humanas deben cambiar para vivir una espiritualidad saludable. El mundo se encuentra en una etapa de crisis y, el desplazamiento y el cambio deben incluir una transformación interna en los corazones y las almas de los seres humanos, así como las acciones transformadas desde nuestra parte en el mundo. Una gran parte de este trabajo hermético tiene que ver con re–sacralizar; re-haciendo lo sagrado. La idea de "Yo he hecho todas las cosas nuevas" debe continuar re-emergiendo en nuestras vidas. Cuanto más vivimos en armonía dentro de la naturaleza, ganamos más *gnosis.* Cuanto más conocimiento experiencial adquirimos de lo divino, más divinos nos volvemos. Esta *teosis,* –del Griego 'volverse divino',– es la tarea de la espiritualidad humana en la actualidad. La evidencia de nuestro éxito global es doble. Un cambio en nuestra relación de humanos a humanos, y una transformación de nuestra relación con la vida no humana, los elementos y las criaturas del mundo. Como dijo San Ireneo, esta es la gloria de Dios, cada criatura plenamente viva.

Género y Magia

"I believe that God is the ultimate combination of whatever it means to be male and whatever it means to be female. God is fully sexual in the deepest meaning of that term. It is obvious to me that we must, therefore, find public ways to recognize, honor, and name the feminine nature of God, since we have overly limited our metaphors for God for centuries."
- Father Richard Rohr, O.F.M. *Adam's Return*

MALE + FEMALE:
EXISTENCE AND NON-EXISTENCE

"No more master and slave, rich and poor, male and female, but all are one in Christ Jesus."
- The New Testament Epistle to the Galatians

Dos términos de práctica espiritual son útiles en este punto. Independientemente de la tradición religiosa, las ideas detrás de los términos apofatico y catafático están presentes *en alguna parte.*

Como esto se relaciona con el género y la magia, en la conciencia catafática todos tenemos géneros, y en este ámbito la magia se ocupa de las diferencias de género. Más allá del catafático, el género mismo se desvanece. En la conciencia apofática no hay género, ni siquiera hay un Dios, −o más bien, Dios no es 'Dios' en apofase. Dios no tiene nombre. Esto se relaciona con lo que algunos llaman teología negativa, un pensamiento que presenta conceptos al negar su realidad. Esto estará presente en muchas áreas de espiritualidad hermética y práctica. Muchas meditaciones nos llaman al entendimiento de lo que Dios no es, o lo que el ser no es. Estos son ejercicios en apofases. En el Libro egipcio de los Muertos, la confesión negativa de Osiris es otro ejemplo. Cómo puede saber o en algún punto experimentar, hay una tremenda transformación en la negación de las cosas.

CATAFASISMO + APOFATISMO

Estas polaridades de misticismo kenótico o teosis requiere un encuadramiento dentro de la hermenéutica de la metafísica semiótica o del *naturalismo extático*. Por lo tanto, aquí está mi argumento visto de antemano sobre el próximo trabajo de mi vida, mi opus magnum por así decirlo, *Las Éticas de la Comprensión de Dios: Semiótica, Hermenéutica y Diálogo Místico*:

"El pensamiento omnipresente de que el misticismo es sobre unidad y tratar de *armonizar* es completamente modernista y busca vanamente una definición, una metanarrativa mística que no creo que represente la variedad de las tradiciones místicas occidentales. Lo místico de mi lectura es de un transgresor y hermeneuta, incluso en el sentido mitológico de Hermes: un viajero, un mensajero entre lo divino y lo humano, lo infinito y lo finito, lo pre-semiótico y lo semiótico; mientras que el misticismo de mi lectura es una transgresión, una ruptura en el recipiente que contiene imperativos categóricos y un quebrantamiento de las certidumbres de Iluminación sobre cómo es realmente el mundo, esto también es *hermético*, ya que trata de recuperar el puente del diálogo entre lo 'divino' (pre-semiosis) y lo 'humano' (semiosis). Entonces, cuando digo que mi punto de vista se encuentra dentro de la tradición mística, dada la audiencia ante todo modernista de los ensayos sobre misticismo, debería haber algo más de evidencia para esto".

Misticismo Hermético Posmoderno

El erudito judío Moshe Idel demuestra en la *Absorción de las Perfecciones*, que el místico judío medieval Abraham Abulafia ejerció métodos deconstructivos en sus escritos y prácticas kabbalísticas; mostrando así que las obras de los místicos no sólo respaldan una recuperación del misticismo posmoderno y pos-estructuralista, sino que aún más, la trayectoria espiritual del *místico* necesita esta revisión habiendo hecho uso de esta ya en el pasado. Idel afirma que los místicos judíos medievales, y en este caso la interpretación deconstructiva del encuentro de Moisés con los magos egipcios y la supuesta intervención milagrosa y sobrenatural de Dios endureciendo el corazón del Faraón:

Somos testigos no solo de una forma semántica radical de la hermenéutica, sino también de un radicalismo deconstructivo, que afecta la estructura gramatical del texto, por las siguientes razones. [....] Si *'elohim* apunta a las fuerzas naturales, entonces la intervención no fue ni extraordinaria ni milagrosa, sino que natural. Por lo tanto, la introducción del término *teva'* alteró dramáticamente el mensaje del versículo. De hecho, alguien incluso puede argumentar que la teología volitiva de la Biblia ha sido reemplazada por una comprensión más naturalista de la realidad.

Idel muestra que el místico medieval Abulafia usa la deconstrucción para interpretar la escritura radicalmente (e, incidentalmente, en la manera que empuja a Dios desde lo sobrenatural a lo más natural, aunque este no es el punto principal aquí). Las transgresiones de la lectura canónica del texto se ven claramente en Abulafia. El místico, para entender a Dios, se abre a la interpretación que crea una aporía en el canon: en este caso, reinterpretando el nombre de Dios, 'elohim como un nombre de "fuerzas naturales".

Pero esta no es toda la extensión de las raíces de la deconstrucción en el misticismo. Idel también muestra un paralelo entre el famoso dicho de Derrida desde *De Gramatología (Of Grammatology)*: "no hay nada fuera del texto". Idel dice que Derrida, al decir que no hay nada fuera del texto, está empleando el mismo método que empleó el pensamiento judío al decir que no había nada fuera de la Ley, la Torá. Idel sugiere aquí, paralelo al concepto de Dios como la Torá y de la Torá como Dios el obvio, texto como Dios. ¡O tal vez incluso, el texto como significado trascendental! En cualquier caso, Idel muestra una clara coincidencia conceptual y metodológica en Derrida y el pensamiento de los místicos judíos.

Ambos representan una libertad y una apertura de los modelos de interpretación al afirmar el poder y el dinamismo de los textos escritos, o cosas leídas *como* textos de alguna manera. Porque el misticismo, si algo, ha sido siempre una apertura a Dios (Espíritu), y esta misma apertura permite nuevas visiones y, por lo tanto, revisiones. Esto es deconstrucción en el trabajo. Sin embargo, si bien a menudo el diálogo místico ejercita la apertura, las aporéticas de Derrida, podemos ver dentro del pensamiento deconstructivista que el misticismo es todavía limitado. La base horizontal de la tradición mística en sí misma somete muchos de los posibles adelantos que la escritura posmoderna y otras futuras traerian. Así, por la introducción del elemento epiclético, *epíclesis*, ocurre un juego como la tradición mística de los fusibles pasados al horizonte del presente. Esto quizás no es tanto una adición de algún concepto o idea a la tradición, sino que una parte matizada de la tradición mística esperando ser recuperada. Estoy tratando de recuperar hermenéuticamente la interacción transgresiva entre las tradiciones catafática y apofática. Mientras que la epíclesis participa en la definición de misticismo, esta faceta de epíclesis del diálogo místico agrega más dimensionalidad a lo que ya existe. Entendemos el misticismo, pero lo entendemos de una manera muy limitada, –una manera que parece conducir siempre a uno de los dos extremos ya discutidos, el elitismo o Nueva Era. Este texto define el misticismo, específicamente esa faceta del misticismo, al cual doy el nombre de "diálogo místico", por medio de la incorporación de la economía general de este tema de ensayo: epiclesis. En conjunto, mi definición puede escapar a la estricta definición; excepto para decir que re-explora las limitaciones impuestas por la filosofía de Kant que, como describe Kevin Hart, intentó anatematizar el misticismo del dominio santificado de la filosofía sagrada, así como brillar por una vasta generalización de su contenido disciplinario. La apertura del misticismo en cada arena debe reafirmarse. Teniendo en cuenta los horizontes de los dos primeros capítulos, podría decirse que el misticismo necesita la liberación de las estructuras simbólicas fijas de las instituciones religiosas, así como de las salidas imaginarias de los nuevos espiritualismos, a lo que denomino Nueva Eraísmo.

El diálogo místico, que conduce al diálogo epíclesis, hoy por ciertas razones necesita el elemento epiclético transgresivo. Las amenazas del elitismo cerrado, del difuso Capitalista del Nueva Eraísmo, ambos antes mencionados, desestabiliza toda la economía del misticismo por lo que es irrelevante o farsante. Si está reservado, exclusivo para unos pocos santos, no tiene relevancia general. Si se trata de iluminación mayorista, como en los muchos best-sellers como "iluminación hecha-fácil", no puede tomarse seriamente. La epiclesis re-estabiliza esta economía de algunas maneras. Plantea el papel del Espíritu contra el cierre y el límite, la vitalidad de la naturaleza como un componente necesario en los procesos significativos de la vida, además de la actividad transgresora del Espíritu en el caso del entendimiento humano: es decir, la habilidad del Espíritu de responder y provocar el acto (ético). Para el Nueva Eraísmo y la popularización de una idolatría antiintelectual del narcisismo relativista subjetivo, la epíclesis elimina al Espíritu del dominio de control humano y priva de derechos al control económico del consumidor de la "iluminación". Si la deconstrucción Derrideana puede ayudar a la teología mística, es mediante esta liberación del místico de todos los extremos del espectro —exclusivismo, no existencia y explotación. Hoy en día el maestro espiritual de élite, el materialista y el Nueva Era, con la búsqueda de sus propios fines autocumplidores, obliterarían la relevancia del misticismo para nosotros, sin embargo, sus "objetivos" deben ser definidos. Esta liberación con respecto a la epíclesis es la del diálogo. A través de la apertura del diálogo, avanzamos hacia una relación más satisfactoria y abierta con todo lo semiótico, especialmente presemiótico y, en particular, el Espíritu.

Nueva Eraismo, Materialismo, Elitismo

Un misticismo de la Nueva Era no permite un verdadero diálogo. En el monólogo de la autoconfianza, el Nueva Era busca la paz absoluta y la libertad de la ansiedad y la incertidumbre, –que es un estado mental ingenuo y cierra cualquier apertura hacia lo desconocido, lo incierto. El diálogo verdadero es evitado por el deseo de descubrir verdades y certitudes. En el lenguaje de la *Nube* esto no es una "intención desnuda directa a Dios", sino que está completamente vestido; tampoco es directo a Dios, ya que se pierde en la semiosis y el catafasismo, engrandeciendo los sentidos en vez de reconocer su propósito especial pero medial. La apertura a lo desconocido es una piedra angular esencial en el diálogo místico. La mesianidad es la desnudez del intento por Dios. Sin ella, sólo hay monólogo y, por lo tanto, una obsesión solipsista de sí mismo y su confianza en lo imaginario, –lo que sea sobre lo que uno esté seguro:

En la medida en que la oración, la meditación y los libros sobre espiritualidad realmente ayudan a lidiar con las angustias de la vida que surgen de condiciones sociales injustas, sin desafiar esas condiciones en sí mismas, en la medida que ellas actúan como un sedante que distrae la atención sobre la necesidad de desmantelar las estructuras que perpetúan la miseria.

Esta es la certeza sólo de muerte. Las repercusiones de esto conducen más hacia una espiritualidad complaciente que busca un mayor significado detrás de las cosas, en lugar de una ética concreta para tratar con situaciones y preocupaciones de la vida real. Perdido en el mundo de esta mítica Era de Acuario – promovido por los gurús y la comercialización masiva de la cultura popular –un encanto apocalíptico es vivido por el Nueva Era, en lugar de un crecimiento en una espiritualidad sincera que participa en la vida natural del Espíritu, desde el suelo de la tierra al universo sin un fundamento más allá. En términos psicoanalíticos, deconstructivos y semióticos, en lugar de vivir en la tensión entre lo Real y lo Simbólico, el Nueva Era se escapa en lo Imaginario. Evitando el trauma que proviene de cualquier encuentro (de la epíclesis) con lo real, evitando el acto ético, el evento de verdad (o, Verdadero-Evento), ignorando la *différance* que se ve en la *chóra* presemiótica, el Nueva Era corre desde el abismo hacia la *luz* (metafísica de la presencia), en lugar imagina un vacío en el centro de sí mismo, hay, de hecho, un Dios confesional. Esta certitud no desafía las condiciones sociales prevalecientes, la simbología cultural prevaleciente, ni reconoce ninguna necesidad de explorar el títere potencial de las normas sociopolíticas. El "*lo que sea*" de la juventud posmoderna es ejemplar de esta circunstancia. La crítica de Jantzen es justa, y necesita ser repetida aún hoy, una década más tarde.

El materialista, y esta palabra es usada en este ensayo en el sentido general de lo que está opuesto a las nociones del Espíritu (ya sean dualistas o monistas), no siente el 'otro' en absoluto. Cuando hay una vaga intuición de un 'otro', debe ser otra persona, o quizás un animal; el materialismo no extiende su horizonte a órdenes de relevancia que puedan informar sobre una fe o una ética que desafía con la transgresión los límites de la razón. Este es el reino de lo imposible para el materialista, cuyo sentido del Espíritu es, en el mejor de los casos, ficticio, imaginario y no vivido: pretencioso y no creído. Este sistema cerrado de creencias no se abre a sí mismo a lo desconocido, no permite la participación de un agente divino ni respeta el mundo como el cuerpo viviente de Dios, Espíritu o cualquier otra fuerza viviente. En el mejor de los casos, el mundo es un recurso natural, aquí para nuestro uso; a veces, y aquí hay una confusión real, hecha por Dios *por* nuestro abuso.

El materialismo de esta crítica es el que cree en lo semiótico, lo catafático, la naturaleza natural sin la naturaleza naturalizante de Leibniz. Hay posiciones materialistas que no están cerradas, como la de Žižek, que es materialista en un sentido más intenso y profundo, y que puede obedecer totalmente a lo que estoy discutiendo. De hecho, un materialismo verdaderamente profundo es altamente espiritual; porque cuando nos adentramos en el nivel cuántico de la física, sólo es allí donde la espiritualidad tiene sentido completo. Lo que critico aquí junto con el Nueva Eraísmo, –un espiritualismo velado que actúa como un corolario perfecto del capitalismo global–, es un materialismo superficial que de hecho no reconoce la fisicalidad absoluta de todas las cosas, incluyendo el espíritu. El materialista no ve la naturaleza física de la fe, y que en el fondo rechaza al espíritu y a la espiritualidad fuera de la confesión del antiguo Platonismo, en el cual el materialista superficial primero debe proponer y afirmar, para rechazarlo. Tony Myers considera que Pascal y Žižek juntos muestran el lado opuesto, la fisicalidad natural de la fe espiritual:

Para Pascal y Žižek, entonces, los rituales de la Iglesia (en este caso la Iglesia Católica), como la oración, el bautismo, la misa, etc., no son expresiones de una convicción interna o una creencia preexistente, sino que son: más bien, el pretexto para esa creencia en primer lugar. Estos rituales engendran una convicción interna.

El elitista, la posición de dominio santo o gurú iluminado, a menudo autoasignado, también lo rechaza. La metafísica de la presencia, el Ser eterno, el "estado" de la iluminación funciona como un garante especial del estado exclusivo de esta persona. A diferencia de la posición del Nueva Era (¡Aunque a menudo los dos funcionan bien juntos!) esto permite que todos se iluminen, el maestro ha logrado un estado único. Cuando el Dalai Lama llegó a Vancouver, B.C. en abril de 2004, fue presentado en un estadio con decenas de miles de personas como el maestro espiritual de nuestro tiempo. Afortunadamente, el Dalai Lama es el primero en negar esto. Sin embargo, la introducción escrita que se leyó aseveró esta posición exclusiva y elitista.

El Contexto Místico: la Transgresión

Los místicos pueden ser vistos para ejemplificar la apertura al Espíritu a través del diálogo místico; mientras que por medio de la comprensión de la epíclesis enseñan sobre el rol dialógico del Espíritu en la vida de la humanidad. En todas las tres críticas previas, la apertura está ausente; debido al deseo de estos por diferentes certezas, iluminación de masas, superficialidad material vacía, dominio elitista, ninguno de ellos transgrede sus propios horizontes simbólicos, ninguno de ellos practica la mesianidad deconstructiva y la apertura al otro. Si bien pueden ser fieles a un evento dentro de sus propios horizontes espirituales (un problema con las formas políticas del postmodernismo extremo que Žižek señala −"*no hay Evento*, en que 'nada realmente sucede', que el Verdadero Evento es un paso, un cortocircuito ilusorio, una identificación falsa que se disipará tarde o temprano"), no están abiertos al horizonte del otro. Entonces, la fusión, ni siquiera es una opción. Lo que esto produce no es la comprensión de la epíclesis: el Espíritu que transgrede un horizonte para consagrar el otro con una fusión. Desde ese punto, resulta imposible para el Nueva Era, el materialista y el elitista enseñar sobre el rol dialógico del Espíritu en la vida, viviendo como lo hacen en un orden imaginario semiótico de la obsesión horizonta.

Antes de abordar un análisis estricto del diálogo místico en el próximo capítulo, el enfoque metodológico de Evelyn Underhill de ver a los místicos dentro de su contexto proporcionará cierta ayuda a la comprensión del misticismo y su lugar a través de un estudio de Meister Eckhart. James Horne explica el método de Underhill en su libro de 1983, *La Moral Mística*, en que

El místico es estudiado en el contexto de su propia religión, de su desarrollo personal y de la forma en que él o ella proceden a partir de su problema espiritual o psicológico a su solución. *Tal estudio [hermenéutico] del proceso vital del místico es útil para comprender qué es el misticismo, haciéndolo menos milagroso pero más comprensible como una serie de eventos que pueden ocurrir en la vida de cualquiera, previendo que estuvieran intensamente interesados en cuestiones de personalidad y realidad.*

Lo siguiente consiste en una revisión de Meister Eckhart, cuyos escritos enfatizan la tesis de este ensayo. Ellos serán observados con cierto respeto por los criterios divisionales de las dos formas de experiencia mística de W.T. Stace —la introvertida y la extrovertida; sin embargo, lecturas marginales también serán esperadas dentro de mis interpretaciones. Esto es especialmente importante dado el deseo totalizador de polarizar y dividir las experiencias evidentes en Stace, que por definición son transgresivas, ilimitadas y, a menudo, heréticas. Esta división totalizadora es sostenida por Horne, y leída más adelante como una división entre los místicos que son extrovertidos y aquellos que son introvertidos. Los extrovertidos, continúa Horne, son un tipo de naturaleza mística, cuyas iluminaciones vienen como una sorpresa en medio de su catafasismo. Por otro lado, los introvertidos aplican técnicas de meditación y contemplación apofática, dirigidas al objetivo definido de la liberación del sentido y la experiencia unitiva. Sin embargo, como yo considero a Eckhart, la artificialidad dual de estas distinciones se marcará como presuposición y, de hecho, se opondrá a la comprensión de la trayectoria espiritual del místico

El texto completo de mi libro *Las Éticas del Entendimiento de Dios* está disponible de momento como lanzamiento exclusivamente digital a través de Amazon Kindle y puede solicitarse allí.

La Iniciación

"El hermetismo es, −y solo es−, un estimulante, un "fermento" o una "enzima" en el organismo de la vida espiritual de la humanidad. En este sentido, es en sí mismo un arcano, −es decir, el antecedente del Misterio del Segundo Nacimiento o la Gran Iniciación".

−− Anónimo, *Meditaciones en el Tarot.*

LA INICIACIÓN

La iniciación es sobre el comienzo. Dicho esto, también se trata de los finales; no hay principio sin final. Estos dos puntos −la cabeza y la cola de la serpiente Ouroboros que se traga a sí misma− baila junto dentro de la naturaleza, y denota en su proceso un ciclo cósmico que está incrustado en la vida humana y en todas las cosas orgánicas. Esta no es una verdad espiritual, es una realidad natural; en su naturaleza orgánica es, por supuesto, una parte del espíritu.

La iniciación debe ser vista como parte de la naturaleza, pero también debe ser revisada en el contexto en que la hemos acomodado: el de la cultura −religión, política, sociedad. Luego, también debe considerarse más allá de la preocupación social, y también más allá de las limitaciones de la experiencia individual; la iniciación siempre ocurre dentro de la relación con otros. Mientras la naturaleza es el escenario, hay otros actores con los que interactuamos. Ellos se ven afectados por nosotros, y nosotros somos afectados por ellos. Después de eso, se considerarán algunos detalles más pequeños de la iniciación. La iniciación dentro de la religión formal (no meramente como un componente de la cultura), la iniciación en la espiritualidad y más específicamente la espiritualidad hermética que he llegado a conocer como mi camino y el tema de este libro.

LA INICIACIÓN Y LA CULTURA

"Puedes guiar a tus hijos e hijas solo hasta donde tú hayas ido ".

- Richard Rohr, *El Retorno de Adán*

La iniciación no es ajena a nosotros. Además de las iniciaciones naturales que recibimos de la naturaleza y los ciclos de vida, nuestras culturas han reconocido este evento inherente de comenzar y lo han celebrado de diferentes maneras. Pero la tendencia cultural actual es desacralizar y secularizar la iniciación: eliminar la santidad de esta y hacerla tan normal, tan socialmente aceptable y mundana como sea posible. La cultura promueve la 'cotidianidad'. Somos una cultura que teme a lo santo y lo divino, a pesar de nuestro religioso literalismo, fundamentalismo y defensa de las ideologías (el capitalismo de mercado, el marxismo, el consumismo, el nacionalismo, el patriotismo). Porque lo verdaderamente santo es esa condensación del Espíritu a través del flujo de energía de la naturaleza en tal medida que puede transgredir los límites y liberarnos de lo restrictivo y estructuras opresivas. Lo verdaderamente sagrado es disruptivo para las normas culturales, pero al mismo tiempo existe dentro de estas. Así es que a menudo encontramos lo sagrado en alguna parte de la cultura y cuando lo hacemos, esa parte de la cultura se radicaliza y entonces se la nombra como 'contracultural'. Para la cultura actual, lo sagrado es libre de existir mientras apoye la cultura —y la estabilidad, la continuidad y la autoafirmación del lugar de la cultura actual y la rectitud. Y está en la misión de controlar lo sagrado, que la cultura crea iniciaciones que no hacen nada por el alma, y meramente recrean la fachada de una ceremonia la cual pretende transformarnos, cuando de hecho todo lo que hace es llevarnos a una mayor ceguera.

Cuando nuestras culturas eran más santas, más vinculadas a valores religiosos y culturales, más en contacto con su espiritualidad, sus iniciaciones apuntaban a una cosa: *transformar el alma* para luego promover su participación en la comunidad – las personas, la naturaleza y el

Espíritu. Hoy tenemos 16 años de edad y el derecho a una licencia de conducir, el cumpleaños 18 y el derecho a votar por los gobiernos, fumar y comprar pornografía; en algunos países, a los 16, 19 o 21 años, se te permite comprar alcohol. En la escuela secundaria existe la primera cita, luego la graduación y el baile; en la universidad a menudo hay 'iniciaciones' de hermandad y fraternidad – burlas burdas que son llevadas a un grupo especial donde la amistad es *realmente* fomentada.. Luego hay una gran brecha desde mediados de los veinte años hasta la jubilación, cuando las personas mayores se vuelven mayores y reciben descuentos económicos. Todo esto, creo, aunque todavía iniciático y dando la oportunidad de cambio y crecimiento, niega la función especial que la iniciación podría tener: –la transformación del alma. Muchas de estas iniciaciones culturales contemporáneas representan y celebran cambios externos y desarrollos en las circunstancias de la vida, pero no apuntan a que el iniciado se involucre con el alma de una manera nueva y creativa. El compromiso, el matrimonio y el parto a veces se celebran como iniciáticos, pero rara vez lo parecen. Tales procesos iniciáticos a menudo se consideran más económicamente, como ocasiones para mostrar nuestra apreciación a través del consumismo, en lugar de la transformación espiritual.

De esta manera, nuestra cultura de hoy está dirigida a socavar toda la espiritualidad de la transformación, –el crecimiento y el cambio,– con el deseo de sostenerse a sí mismo en el concepto engañado de la inmortalidad cultural. Pero como sabemos, la naturaleza no está gobernada por el orden y tiene muchos elementos caóticos; la cultura cambia con la naturaleza, pero en estos días se está convirtiendo en una amenaza para la naturaleza. A medida que la naturaleza urge al cambio de nuestra cultura para alinearse con los ciclos naturales y las estaciones, nuestra cultura continúa atacando al mismo planeta que apoya su desarrollo. Del mismo modo, la verdadera iniciación ocurre en armonía con el flujo de la naturaleza y no trata de dominar sus formas tortuosas. Entrar en la espiritualidad de la iniciación del alma es reconocer el flujo caótico de cambio y el movimiento en el corazón de la naturaleza e, idealmente, dentro de las estructuras de una sociedad sana y consciente de sí misma. Ser un iniciado es ser un espiritual subversivo, desafiante, apático e irreflexivo, no-pensante en la cultura para cambiar todo el tiempo. El iniciado se toma de las manos con las poderosas fuerzas de la naturaleza, en lugar de tratar de controlarlas para fines humanos. Pero para la mayoría de nosotros en la sociedad, la religión y la política, esto es aterrador, y lo que es peor, no es rentable.

Creo que Richard Rohr está en lo correcto cuando identifica el fracaso cultural para iniciar personas en lo que él llama "el gran panorama" durante la niñez y la adolescencia. Dejamos a niños y adolescentes en masa en nuestro mundo de hoy. A menudo llamamos erróneamente a esta, la educación en la decepción y el cinismo de 'crecer' o 'madurar'. Esto es falso, Rohr cree que el contacto con grandes cosas, –patrones, ciclos, personas, eventos, creencias– es esencial para el alma humana y una experiencia de vida saludable.

Si no hay contacto con la grandeza, hay casi una decepción cósmica dentro de nosotros, una profunda tristeza, una capacidad de despido cínico y hosca frialdad, exactamente como vemos en muchos de nuestros jóvenes de hoy. El brillo visionario está perdido. Es como si dijeran: "No hay grandes personas ni grandes patrones. No creeré en nada. No volveré a decepcionarme nuevamente". Se llama postmodernismo, y es la suposición general de nuestra sociedad hastiada y no iniciada.

Los términos moderno y posmoderno, o modernismo y postmodernismo son complejos. El relativismo y la apatía del consumidor son ciertamente el lado oscuro de la posmodernidad. Del mismo modo que el optimismo ciego, las ideologías tiranas y las certitudes de la Verdad son lados oscuros del modernismo. Si bien esto es vago y general, el período moderno termina aproximadamente en la década de 1960, mientras que en el período posmoderno nos encontramos culturalmente en medio de la realidad. El hecho de que el hedonismo y el relativismo (búsqueda inmoral de placer) no produzca a las llamadas grandes personas, es un problema para los postmodernos. Sin embargo, un problema moderno era que a muchos se los llamaba "grandes" que de hecho eran tiranos, caudillos y opresores. Lo que Rohr indudablemente significa por grande es iniciado: y es sólo una grandeza espiritual lo que la iniciación otorga. Dentro de cualquier gobierno, religión, institución o sistema, los iniciados a menudo no tomarán el centro del escenario; más que a menudo se encuentran en las franjas. El mito de los líderes y reyes iniciados del mundo es parte de lo modernista, la construcción patriarcal de la historia de los hombres blancos.

Habiendo dicho mucho sobre este breve pasaje franciscano, es una interpretación necesaria dada a un problema central en nuestro mundo: los maestros mismos no son enseñados. La transmisión cabalística del conocimiento, la gnosis espiritual, se omite. Asistí a una escuela durante trece años que fue comenzada por un iniciado, a pesar de su gran valor, encontré que las Escuelas Waldorf generalmente no tienen maestros que estén entrenados como su fundador. Rudolf Steiner fue iniciado y entrenado como hermetista, –pero nunca fue este tipo de enseñanza explícitamente mencionada en la escuela o por los profesores. Por el contrario, sólo existía la ósmosis de cualquiera de las ideas que cada maestro había recogido personalmente de la Antroposofía de Steiner. La cultura podría ganar mucho a través de sistemas educativos como el de Steiner. Pero el sistema de Steiner en sí mismo acrecentaría exponencialmente su valioso trabajo re-enganchando los misterios herméticos en su núcleo, y trabajando con su transmisión a los estudiantes. Esto ya sucede, pero no lo suficiente. Y el punto general de Rohr, que sin iniciados que inicien a los jóvenes, para inspirar a la juventud con significado, los patrones de valor cultural se pierden. Esto deja a los jóvenes buscando un significado en otro lugar que no sea el espiritual y socialmente transformador. "Cualquier cosa fuerte, grande o socialmente admirada se convierte en el sustituto de lo cósmico y lo trascendente que realmente anhelan". Comparto la experiencia de Rohr de que son nuestros sueños juveniles los que pueden marcar nuestro rumbo en la vida; el mío lo tiene.

La realidad práctica para los buscadores de hoy, aquellos que no solo quieren encontrar un camino hablando con el sacerdote o ministro de la iglesia local, hojeando en la sección de espiritualidad o Wicca de una librería, tomando una prueba de personalidad en Cientología o usando cuentas de oración budistas y leyendo el Thich Nhat Hanh, en que la iniciación raramente se ofrece y es altamente sospechosa. Fui bautizado y confirmado por un obispo alcohólico que en estado de ebriedad, una vez arrojó una botella a un conocido jesuita. Algunos de mis maestros han acosado sexualmente a mis amigos, algunos mentores sólo han querido dinero y apoyar el consumismo estadounidense; He trabajado con paganos que realmente sólo querían vestirse y Wiccanos que en realidad son ambientalistas disfrazados con una fachada religiosa. Hay una delgada línea entre el culto sano y comunitario (del latín *cultus deorum*, el cuidado de los dioses) y la personalidad o ideología del Culto del Mormonismo o Ramtha. Por lo tanto, aunque no debemos retener a nadie (mentor iniciado o no) a la ideología masculina malinterpretada de 'perfección', debe haber algún ejemplo de "vida divina" o crecimiento de la divinización evidente en la persona de la cual estamos aprendiendo. Mire sus acciones y escuche sus palabras. Tristemente, sin embargo, debido al tabú social de estar en un culto o lavado de cerebro, nos sobre-ajustamos al extremo opuesto: la soledad, o las religiones individualistas solitarias de "mí". El dicho "inocente como palomas, sabio o astuto como serpientes" parece ser una buena pauta aquí.

Otro práctico, pero a menudo doloroso aspecto de la iniciación dentro de la cultura es la 'muerte'. Cuando somos iniciados cambiamos. A la gente no le gusta el cambio. A ellos le gustan las *nuevas* actividades o productos, pero no les gusta la transformación real. Este es el caso principalmente porque tememos a la muerte. La muerte, de un tipo, es inevitable cuando ingresamos a un nuevo comienzo. Esto, en alquimia, es el Dragón Negro, la figura de putrefacción y decadencia que permite la vida transformada. La muerte ardiente del fénix es un asociado mitológico de este proceso. El patrón de vida, muerte, resurrección es uno de los (sino *el*) movimientos humanos más antiguos reconocidos en la naturaleza. Las antiguas mitologías revelan esto, así como lo hacen las religiones. Dentro de la cultura, son nuestras relaciones las que sienten los dolores de esta muerte. Así como son nuestras relaciones las que duelen cuando físicamente morimos. Odiamos perder amigos, familiares y amantes, −incluso la pérdida de mascotas o árboles familiares y puntos de referencia naturales pueden devastar la psique y el alma humana. Es cierto que en tal medida esto requiere alguna consideración.

LA INICIACIÓN Y LAS RELACIONES

"Sostener un final –una muerte del alma– sin las defensas de la culpa, la explicación o resolución permite al alma alcanzar el nuevo nivel de existencia que solo ofrece la iniciación. En la vida externa, ese logro puede incluso parecer una derrota, pero para el alma, las experiencias de muerte como estas son el único camino hacia el verdadero comienzo".

- Thomas Moore, *Almas Gemelas*

El nacimiento es nuestra primera iniciación. Irónicamente, uno que es tan crucial que rara vez lo recordamos. Es una testificada por otros, similar a las iniciaciones realizadas en infantes (como el bautismo). Es una realidad a menudo dolorosa que la primera iniciación que llegamos a conocer sea provocada por un final de algún tipo. Divorcio, desamor, una muerte en la familia: una de ellas suele ser la primera experiencia de una persona en el ciclo de iniciación final/inicial. El pasaje anterior de Thomas Moore dice algo sobre esto; él lo llama una "muerte del alma".

La muerte del alma es, por lo tanto, siempre un nacimiento del alma. En cada caso. Incluso en la muerte física todavía hay un nacimiento del alma en lo que viene después. En este proceso, sin embargo, tenemos que hacer una elección para entrar en el misterio. Cualquiera sea el tipo de iniciación que experimente una persona, siempre debe haber una opción para morir, nacer y convertirse en iniciados de los misterios. He visto a muchos 'iniciados' que decidieron no entrar en el misterio, a pesar de las circunstancias físicas, a pesar de las lecciones y las muertes que fueron ofrecidas o forzadas. Muchos simplemente niegan el proceso en sus almas; ya sea a través del daño, el escepticismo, la negación o el hastío, muchas personas dicen "no" al misterio. Esto puede incluso conducir a la muerte de un alma sin un nacimiento consciente. Cuando esto ocurre, siempre hay una tragedia, ya que la persona y el alma se separan. La persona desconectada parece haber experimentado una Caída: el ego, la personalidad misma cae para elevarse al nuevo lugar donde nace el alma. Este lugar sombrío no es bueno. Si permanece en el tiempo puede convertirse en un abismo, e incluso en una mazmorra secreta, que nos aprisiona en su grieta hasta que nuestro cuerpo muera y nuestra alma sea liberada del control de nuestro ego.

LA INICIACIÓN RELIGIOSA

"Ahora, el conocimiento del comienzo, *initium* en latín, es la esencia de la iniciación".

– Anónimo, *Meditaciones en el Tarot*

La iniciación religiosa tiene como propósito principal el darnos conocimiento. El conocimiento es necesario al ingresar a una religión, o graduarse en las diferentes etapas de una religión. El sacerdocio en el catolicismo romano sería una etapa diferente que el recibir sacramentos como el Bautismo, la Confirmación o la Eucaristía. En Wicca y otros neopaganismos, el Primer Grado es una etapa diferente al Segundo y Tercer grado, que requieren que obtengamos conocimiento sobre las cualidades religiosas de esta nueva iniciación, de este nuevo comienzo.

Por lo tanto, hay una cualidad religiosa para toda iniciación. Aparte de lo cultural, lo relacional y más educativo que el aprendizaje interno de las cualidades espirituales de la iniciación, la religiosidad imparte enseñanzas y significados que tienen su lugar dentro del reino de la espiritualidad que el iniciado vive en su interior.

Un Católico Romano dentro del Cristianismo Católico, un hasid dentro del Judaísmo Ortodoxo, un Sufí dentro del Islamismo místico, y así, un hermetista vive dentro del ámbito religioso del Hermetismo. (Esto, nuevamente, no es para hacer del hermetismo una religión, sino para denotar la religiosidad en todas las cosas.) Cualquier cosa puede ser religiosa, y la mayoría de las cosas se vuelven religiones hoy para nosotros cuando estamos privados de las religiones tradicionales. Ese es el problema con las religiones hoy en día, no son espiritualmente nutritivas; ni las religiones tradicionales del mundo occidental, ni las religiones seculares en constante crecimiento – el banco, las compras, etc.

*   *   *

LA ESPIRITUALIDAD Y LA INICIACIÓN
El propósito espiritual de la iniciación es la teosis. Teosis es un término derivado de la *theiosis* griega, que se refiere a volverse divino, como Dios (*theo*) o, dicho de otra manera: la divinización.

La divinización no es necesariamente evolución, o incluso evolutiva. La iluminación... Me contendría, sin embargo, esa *teosis*, hoy también es revolucionaria en su concepción original. Esta cualidad revolucionaria es así porque sugiere una transformación radical, una transformación en la raíz de nuestro ser. Radical viene del latín, *radix*, que significa raíz; y cuál es la raíz de nuestro ser, si no nuestra alma. Entonces, cómo sabemos de antes en este capítulo, la iniciación es una iniciación del alma. El alma comienza algo a medida que se mueve desde la muerte de algún otro final. Ahora, viendo esta iniciación del alma como radicalmente revolucionaria, el hermetista llega a entender que la raíz del ser humano está siendo cambiada. La fuente básica de quiénes somos es volcada, transformada y divinizada. Porque a través de las etapas iniciáticas estamos en una revolución radical continua del ser y esto nos lleva a una mayor armonía con nuestro Ser Verdadero, el Espíritu divino, por lo tanto, la iniciación también es reveladora. Mientras que la revolución se refiere a dar la vuelta y cambiar lo que es, la revelación afirma un crecimiento a través del aprendizaje. El proceso iniciático es pedagógico, —es decir, un proceso de aprendizaje, un viaje de educación. Sin embargo, la revelación no es como la educación normal. El iniciado no está aprendiendo principalmente de un maestro en el aula, ordenando la rutina de memorización de fórmulas y conceptos; la educación de la revelación es el continuo aprendizaje de la voz del corazón. El Ser Verdadero, nuestro Superior nos susurra en su voz espiritual los misterios ya inscritos sobre nuestras almas, ya conocidos dentro del Espíritu.

Más exáctamente, toda la educación es re-educación. Al igual que en un ritual, toda invocación es una re-invocación de poderes y fuerzas (a través de nombres e imágenes) que han existido desde el principio. El ritual es *anamnesis*, una recapitulación, una revivificación, una resurrección del espíritu latente incrustado en la matriz de la naturaleza y el cosmos. Siempre presente, siempre esperando, siempre escuchando, interactuando y preparado para ser convocado por el espíritu animador de la vida. De la misma manera, nuestras iniciaciones son todas reiniciaciones de los misterios que conocemos, −a menudo sólo más allá de las fronteras de nuestra mente despierta, en los límites de nuestras intuiciones,− que esperan brillar apenas más allá del borde de lo que podemos acceder cuando más tratamos en nuestras vidas. En la creación hebrea de *Bereshith*, sabemos que *Elohim* (Dios/los dioses) creó a los humanos a su propia imagen. Nuestra propia existencia es así una imagen reflejada de Dios. Entonces luego, otra que creo es la historia complementaria dice que YHWH hizo a los humanos del barro y sopló el espíritu o aliento en nosotros. El segundo muestra cómo estamos hechos de la naturaleza e infundidos con espíritu.

¿Cómo podemos superar lo que éramos la primera vez que fuimos formados? Cuando nace un niño, ¿Todas las madres no creen que su hijo es perfecto? No hay nada más que evolucionar. ¡Éramos perfectos, −tanto para Dios como en los ojos de nuestra madre! Lo que necesitamos es la remembranza; y aún más: *anamnesis*. Esta palabra griega que significa remembranza pero también implica la recreación de esa memoria inicial. Y recordamos de antes cómo muchos místicos y filósofos ven la memoria íntimamente relacionada con el espíritu. La idea de la evolución es, creo, una imagen violenta que justifica toda clase de males humanos, −racismo, clasismo, Fascismo, genocidio, sexismo. La evolución no ve la iniciación del alma, sino del cuerpo. Nos permite señalar a algunas personas que se ven diferentes, o que actúan dentro de una cultura o religión diferente y que dicen que están equivocados, son menos evolucionados o son bárbaros. Hoy los cristianos, los Fundamentalistas (de todas las creencias), los Humanistas, los neopaganos a menudo se pueden encontrar degradando el uno al otro en pensamiento, palabra u obra; gran parte de esto proviene de una idea de evolución, de cosas que mejoran más allá de otras cosas, de una cosa mejor que otra. Las almas son todas almas, y todas fueron hechas de barro, todas fueron dignas de tener al Espíritu para infundirles vida, –cada una es un espejo de *Elohim*. Transformación, divinización, teosis: estas ocurren por iniciación no para mejorarnos en algo que nunca fuimos, sino para radicalizar la raíz de nuestro interno, superior, santo, Ser Verdadero y reconectarnos con los misterios de la vida y la naturaleza.

LA INICIACIÓN HERMÉTICA

La iniciación hermética está basada en Hermes y en la tradición hermética de las enseñanzas espirituales sobre la transformación, la alquimia y la teosis. Dada la naturaleza del dios Hermes, y las escrituras del mítico Hermes Mercurius Trismegistus, hay dos características clave para la iniciación hermética.

1) *La iniciación hermética asume una relación análoga entre lo de arriba (Espíritu/espíritu) y lo de abajo (la naturaleza/el cosmos).* Esta analogía no es un paradigma divisivo que crea una dualidad artificial entre la naturaleza y el espíritu. La analogía aquí indica la interrelación, la infusión del espíritu en la naturaleza y la naturaleza en espíritu.

2) *La iniciación hermética no es solitaria, sino que requiere un Hierofante; se basa en un intermediario, -un Hermes siendo el mensajero o transmisor entre los dioses (espíritu) y la humanidad (naturaleza), Ser Verdadero y el Falso.* Todo esto se encuentra dentro del alma humana, pero también dentro del mundo.

La iniciación hermética es simplemente un tipo de iniciación, y sigue lo que se ha dicho anteriormente. La iniciación hermética está comenzando la transformación del ser para reconectarse con el Ser Verdadero a través de un cierto estilo de enseñanzas, rituales y formas de vida. Lo que he dicho sobre Ser Hermes se aplica a esto. Las escrituras herméticas históricas también figuran principalmente en la iniciación de alguien atraído por este camino. El *Corpus Hermeticum* y otros textos indican un cierto método de purificación y transformación del alma para recuperar el Espíritu y el vínculo al Ser Verdadero, que hemos perdido en la acumulación de escoria de la vida.

Los elementos clave mencionados, el 'Como es Arriba, es Abajo' y la necesidad de un intermediario hermético son necesarios para garantizar el término hermético a esta espiritualidad. Hay muchos tipos de espiritualidad que no los requieren. Sin embargo, estos son esenciales. Pero, ¿Qué quieren decir?

"Qvod est inferivs, est sicut qvod est svperivs."

Esto es de la Tabla Esmeralda (Tabvla Smaragdina) que tiene fechas cuestionables en su origen, y se le otorga la autoría a Hermes Trismegisto, —si es alguien, un Egipcio Helenístico en la tradición neoplatónica cristiana temprana, —quien siempre será una figura de debate.

En la espiritualidad hermética, las máximas de la Tabla Esmeralda son importantes. Incluso en la ciencia moderna, la Tabla Esmeralda todavía se conoce, y en ocasiones se estudia, ya que fue la fuente de la medicina de la alquimia y condujo a la ciencia positiva, —también lo que hoy llamamos 'medicina moderna'. Lo de arriba y lo de abajo, lo siguiente y lo anterior: para el hermetista esto indica la interrelación vital y radical del espíritu y la naturaleza, de las fuerzas y los poderes del cosmos, los nombres e imágenes por los cuales los llamamos en nuestras vidas y mundo. Si la naturaleza y el espíritu, la materia y la conciencia no estuvieran tan relacionados, si estas dualidades duras estuvieran completamente separadas, entonces ni la teosis, ni la teurgia, ni la taumaturgia serían posibles. Cada espiritualidad desde la yoga hindú, a la Hebrea, la Egipcia y la religión de misterios Helenística, el Cristianismo con el sacrificio de la Misa y la Presencia Real de Cristo en la Eucaristía, todas se estarían engañando a sí mismas sobre lo que lograron si esta fe y su comprensión de la realidad fueran tan torcidas. Y aunque hay días en la vida de todos en que parece que el espíritu está divorciado de la materia, o no existe en absoluto, la mayor parte del tiempo creemos en este *arriba*.

Llamando al Espíritu el *arriba* y a la naturaleza el *abajo* de la fórmula de la tabla Esmeralda es simplemente un método para trabajar con una fórmula que podría y ha sido considerada y utilizada de numerosas maneras.

Esta, sin embargo, es la forma tradicional de comprensión hermética. Y esta comprensión conduce a ciertas aplicaciones en el ritual, la ceremonia y la adoración (que se considerarán en mayor profundidad más adelante). Una cosa que siempre ha sido cierta, pero que no fue bien estudiada hasta Hans-Georg Gadamer en la década de 1960, comprendió la comprensión, sobre la cual este ingenioso filósofo alemán escribió en su tomo *Verdad y Método*. El impacto de las aclaraciones y exploraciones filosóficas de Gadamer tiene un tremendo impacto en la espiritualidad, y lo que significa comprender nuestras vidas espirituales y, por lo tanto, actuar a partir de estas en el mundo. Creo que la filosofía y la teología de Gadamer, su pensamiento sobre el pensamiento humano, Dios y la ética, es una demostración de las ideas herméticas dentro de la vida humana. El Hermes que escucha la palabra de los dioses y entonces actúa como mensajero del mundo como una función singular de su ser piadoso es lo que Gadamer habla cuando dice que comprendiendo, interpretando y aplicando *(intelligendi /interpretend/ applicandi)* es un solo evento unificado. Esta es también una verdad esotérica de la magia sagrada.

Una nota sobre el *Hierofante* hermético: todos los Hierofantes son herméticos. Ellos son intermediarios. Uniendo lo divino (el espíritu) y lo mundano (la naturaleza), entretejiendo el espíritu metafísicamente entrelazado y la naturaleza elemental dentro de su psique y su alma, el Hierofante puede ser cualquiera que actúe como iniciador para el neófito.

CONCLUSIONES
La Magia Sagrada de la Teurgia

El sacerdocio incluye a numerosos taumaturgos, −San Gregorio, San Nicolás y San Patricio,− lo que es suficiente para convencernos de que la magia sagrada verdaderamente se encuentra entre las obras del sacerdocio.

- Anónimo, *Meditaciones en el Tarot*

'Magia' es un término muy ampliamente utilizado. Este ha sido muy abusado. Al mismo tiempo, no podemos escapar a su economía, su expresión básica que no se cumple con otras palabras espirituales como oración, meditación, culto, yoga; ninguna de estas palabras denota la intencionalidad, el enfoque y el ritual que es evocado en nuestras mentes con la palabra 'magia'.

Sin embargo, existe la necesidad de liberar la palabra de parte de su bagaje. Para hacer esto, reconoceremos inmediatamente que hay dos componentes para la magia: 1. taumaturgia y 2. teurgia. Estas son subdivisiones y dos lados de esta misma moneda. La magia, entendida como la composición de estas dos formas de práctica espiritual, se llamará 'sagrada', de acuerdo con una tradición que ha precedido a esta escritura.

Una comprensión Católica Romana de esta magia es compartida por el cardenal Hans Urs von Balthasar, en su Epílogo del texto de Valentin Tomberg, *Meditaciones en el Tarot*. El cardenal —nominado por el Papa Juan Pablo II en 1988 —escribe:

Uno solo puede llamar esto "magia de gracia", la magia que surge desde el mismo corazón de los misterios de la fe católica. Dado que esta fe en sí misma no es ni aspira a ser mágica, la magia equivale al contenido de la fe: que todas las "posibilidades y poderes" cósmicos están sujetos a la única regencia de Cristo.

La interpretación de Balthasar es cristocéntrica y católica. Esta es correcta y apropiada como cualquier espiritualidad hermética verdadera estará influenciada por la tradición judeocristiana. Incluso la espiritualidad de la llamada magia Egipcia. Más importante que esto es el hecho de que Balthasar habla de un profundo enraizamiento en su fe, al cual todos deberíamos. No debemos traicionar nuestros compromisos religiosos personales y espirituales por el bien del pluralismo o inclusivismo. Temería de alguien que entra completamente a una espiritualidad hermética e ignora la religión que él o ella practica o de la que salió. Como mínimo, se debe mantener el diálogo y la reflexión espiritual. Habiendo visto la importancia de la memoria en la tradición hermética, no podemos imaginarnos querer aislarnos de nuestro pasado. Se debe recordarse, que la espiritualidad hermética, es transgresora, y no vive dentro de las fronteras y los límites del pensamiento exotérico o de la superficie, la realidad catafática.

También hay entendimientos no cristianos, judíos y más antiguos, −todos son parte de una espiritualidad que reconoce el viaje humano en el Espíritu y la naturaleza.

El Ser Verdadero

El Ser Superior, El Genio Divino y el Santo Ángel Guardián

"El misticismo es la fuente y la raíz de toda religión. Sin este, la religión y la vida espiritual entera de la humanidad serían sólo un código de leyes regulando el pensamiento y la acción humana".

-- Anónimo, *Meditaciones en el Tarot*

LA LUZ EN LA OSCURIDAD

"La verdadera religión es siempre una ocasión para la mística alegre en lugar de una prueba sombría de resistencia moral".
– Richard Rohr, O.F.M., *El Retorno de Adán*

El comienzo de una gran confusión en el descubrimiento del Ser Verdadero es nuestro deseo egotístico de que esto sea algo que podamos captar. Queremos que el Ser Verdadero sea una luz que podamos comprender. Pero el "nosotros" es el que quiere que esto sea la oscuridad. Es nuestra sombra la que captaría nuestra alma y la doblaría para cumplir y satisfacer nuestras necesidades: nuestras necesidades nunca son lo que nos gustaría pensar que son. El papel del Ser Verdadero es ser una luz que brilla en la oscuridad, que la oscuridad no puede vencer. En muchos sentidos, este es el final de la historia. Cuando creemos que estamos actuando *de acuerdo* con nuestro Ser Verdadero o voluntad, esto es, en el mejor de los casos, siguiendo a lo que llamamos conciencia. Los únicos momentos en que seguro estamos actuando desde nuestro Ser Verdadero, es cuando este nos está usando y actuando por sí mismo. Pero somos impacientes y no queremos esperar. Queremos un objetivo, una práctica, un camino para *conectarnos por completo*. Esto no puede suceder Eso sería que los seres humanos se volvieran perfectos. Lo que podemos hacer es volvernos divinos, pero no perfectos.

Sólo el Espíritu es perfecto y nos perfecciona a medida que nos volvemos divinos. Y nos volvemos divinos a través del trabajo, las acciones, la apertura al Espíritu que enciende la fe. En la historia humana la humanidad ha sido terriblemente reacia a dejar que Dios actúe libremente, y a permanecer abierto a esa acción cuando esto suceda. En cambio, decimos que podemos saber, infaliblemente, lo que Dios quiere o piensa. Al hacer esto, creamos el mismo cierre a lo divino y la acción del Espíritu dentro de nuestras propias vidas y cuerpos. Cuando nos acercamos a la acción de Dios en el mundo, en la naturaleza, análogamente nos acercamos a la revelación del Ser Verdadero, su guía y acción dentro de nosotros mismos.

De todas las cosas, el hermético es un agente del Espíritu, transgrediendo los límites de la luz y la oscuridad, abriendo posibilidades y movimientos dentro de ambos reinos interpenetrados. Como Hermes habló tanto a los dioses como a los humanos, debemos estar dispuestos a comunicarnos con ambas, la luz y la oscuridad, las sombras divinas y corruptas de la vida.

"Su fuente es la experiencia mística: uno no puede ser un gnóstico, un mago o un filósofo hermético (u ocultista) sin ser un místico".

-- Anónimo, *Meditaciones en el Tarot*

El Fin...*por ahora,*

NOCHE OSCURA

San Juan de la Cruz

1. En una noche oscura,
con ansias, en amores inflamada,
¡oh dichosa ventura!,
salí sin ser notada
estando ya mi casa sosegada.

2. A oscuras y segura,
por la secreta escala, disfrazada,
¡oh dichosa ventura!,
a oscuras y en celada,
estando ya mi casa sosegada.

3. En la noche dichosa,
en secreto, que nadie me veía,
ni yo miraba cosa,
sin otra luz y guía
sino la que en el corazón ardía.

4. Aquésta me guiaba
más cierto que la luz de mediodía,
adonde me esperaba
quien yo bien me sabía,
en parte donde nadie parecía.

5. ¡Oh noche que guiaste!
¡oh noche amable más que el alborada!
¡oh noche que juntaste
Amado con amada,
amada en el Amado transformada!

6. En mi pecho florido,
que entero para él solo se guardaba,
allí quedó dormido,
y yo le regalaba,
y el ventalle de cedros aire daba.

7. El aire de la almena,
cuando yo sus cabellos esparcía,
con su mano serena
en mi cuello hería
y todos mis sentidos suspendía.

8. Quedéme y olvidéme,
el rostro recliné sobre el Amado,
cesó todo y déjeme,
dejando mi cuidado
entre las azucenas olvidado.

Made in the USA
Columbia, SC
18 November 2020